AF494177

PARIS

VENTRE A TERRE

COMÉDIE-FANTAISISTE

Représentée pour la première fois, à Paris, sur le théâtre du
PALAIS-ROYAL, le 18 septembre 1868.

Clichy. — M. Loignon, Paul Dupont et Cᵉ, rue du Bac-d'Asnières, 12.

PARIS

VENTRE A ·TERRE

COMEDIE-FANTAISISTE EN TROIS ACTES

PAR

TH. BARRIÈRE et L. STAPLEAUX

Oui, le temps a doublé son cours
L'humani é se précipite,
Tous les chemins deviennent courts,
L'Océan n'a plus de limite.
La vie était longue autrefois
Sur la pente elle est entraînée :
Nous vivons plus dans un seul mois
Que nos aïeux dans une année.

NADAUD.

PARIS

MICHEL LÉVY FRÈRES, ÉDITEURS

RUE VIVIENNE, 2 BIS, ET BOULEVARD DES ITALIENS, 15

À LA LIBRAIRIE NOUVELLE

—

1868

PERSONNAGES

LE CHEVALIER DE PONT-CASSÉ, oncle et
tuteur D'ADHÉMAR, 50 ans................... MM. GEOFFROY.
LE COMTE ADHÉMAR DE VÉRASOY,
25 ans.. PRISTON.
POLYCARPE DE FOLLEBRAISE, son ami,
30 ans.. GIL-PÉRÈS.
M. BEAUCORNET, 55 ans................... LHÉRITIER.
ARTHUR DE COFFREFORT, petit crevé,
25 ans.. LASSOUCHE.
MITCHELS, associé de BEAUCORNET, 45 ans.. PELLERIN.
VANIER, Commissaire-priseur.................. GASTON.
DUCHEMIN, notaire.......................... DERVAL.
KERCKOFF, tailleur......................... FERDINAND.
ALEXANDRE, coiffeur........................ FIZELIER.
CHOSOFF, bottier............................ VOLLET.
BAPTISTE, valet de chambre................. LAROCHE.
JOSEPH, domestique........................ MAILLARD.
UN TAPISSIER.............................. ALBERT.

Mᵐᵉ BEAUCORNET, femme de BEAUCORNET,
40 ans.. MMᵉˢ ALPHONSINE.
CLÉOPATRE BEAUCORNET, leur fille....... WORMS.
MUSTENFLUTE, femme du demi-monde........ L. VÉRON.
JUSTINE, femme de chambre................ HELMONT.
PAULINE, id. id. .... D'ESTRÉES.

A Paris, de nos jours.

NOTA. — Les indications sont prises de la gauche du spectateur.

S'adresser pour la mise en scène détaillée à M. Lefebvre, régisseur
général, et pour la musique à M. Robillard, chef d'orchestre du théâtre.

PARIS
VENTRE A TERRE

ACTE PREMIER

Salon très-élégant. — Meubles rangés pour une vente. —Objets d'art, bijoux; etc. — A gauche, console. — Portes latérales, et au fond, mobilier très-élégant. — Guéridon au premier plan gauche, avec des livres et ce qu'il faut pour écrire.— Chaises, canapé au premier plan droite, cheminée au fond

---

SCÈNE PREMIÈRE

MUSTENFLUTE, BAPTISTE, puis VANIER.

MUSTENFLUTE [*], en grande toilette, entrant de droite, à un domestique.

Voilà une lettre de mademoiselle Hermosa, qui m'autorise à visiter les appartements avant le jour de la vente... M. Vanier est-il ici ?

BAPTISTE.

Le voici justement, madame.

MUSTENFLUTE.

Ah ! enfin !

VANIER [**], entrant de gauche, un catalogue à la main.

Ah ! c'est vous, chère amie !

* Baptiste. Mustenflûte.
** Mustenflûte, Vanier.

MUSTENFLUTE.

Je venais pour...

VANIER.

Permettez ! Salon, un écran, n° 82... Bois sculpté et doré, style Louis XV.

MUSTENFLUTE.

Ah ! voyons !...

VANIER, allant et venant, examinant les divers objets qu'il indique.

N° 84, boîte à gants, c'est cela... parfait ! (A Mustenflûte.) Je suis tout à vous.

MUSTENFLUTE.

Je venais pour le Watteau.

VANIER, remontant la porte du fond, gauche.

Ah ! le petit Watteau... Fort bien ! là, dans le boudoir ; j'attendrai vos ordres ici.

MUSTENFLUTE.

J'y vais.

Elle sort à gauche.

SCÈNE II

BAPTISTE, VANIER, puis MADAME BEAUCORNET.

BAPTISTE, à Vanier, entrant de droite.

Une carte pour monsieur.

VANIER.

Madame Beaucornet... faites entrer.

MADAME BEAUCORNET', entrant de droite.

J'ai profité de votre permission, mon cher commissaire-priseur. Vous voyez que j'ai du courage... Suis-je en retard ?... Je viens du sermon, un sermon superbe, sur la modestie... je crois ; puis-je voir le meuble de boudoir dont vous m'avez parlé ?

VANIER.

Oui, madame, mais...

* Vanier, Madame Beaucornet. — Baptiste sort.

MADAME BEAUCORNET, le lorgnon à la main.

C'est donc ici qu'elle habitait, cette... demoiselle ?

VANIER.

Vous êtes dans son salon.

MADAME BEAUCORNET.

C'est... singulier, cela me fait un drôle d'effet , ce que vous me dites là, mais nous autres, femmes du monde, mères de famille, nous ne pénétrons pas sans une certaine... comment dirais-je ?. .·

VANIER.

Curiosité...

MADAME BEAUCORNET, se récriant.

Oh ! répugnance, chez ces...égarées. . Combien estimez-vous ce meuble de boudoir ?

Elle s'assied sur le canapé de droite.

VANIER.

A huit mille francs, sans les tentures.

MADAME BEAUCORNET.

Huit mille francs.... c'est scandaleux !...

VANIER, s'accoudant sur le canapé.

Le meuble en question a été acheté, il y a trois mois à peine, il est presque neuf... ordinairement, mademoiselle Hermosa se tenait dans son salon.

MADAME BEAUCORNET.

Ah ! et dans son boudoir, elle ne se tenait... pas ?...

VANIER.

Elle s'y tenait... peu ; d'ailleurs, ce meuble sera très-disputé, car c'est sur le canapé qu'a été trouvé le paquet de cartes bizautées du baron Morgam.

MADAME BEAUCORNET, avec emphase.

Comment ! cet illustre grec ?...

VANIER.

Oui, madame, et comme son procès a fait beaucoup de bruit, ce meuble est déjà célèbre.

MADAME BEAUCORNET, se levant.

C'est juste.

VANIER.

Au second paquet, il deviendra historique.

MADAME BEAUCORNET.

Montrez-le moi, mais je n'ai qu'une minute. Mon bal de ce soir.

Elle passe à gauche *.

VANIER.

Ah ! oui...

MADAME BEAUCORNET.

A l'occasion de la nomination de M. Beaucornet à l'Académie...

VANIER.

Il est nommé ?

MADAME BEAUCORNET.

Pas encore, mais il le sera... Depuis quinze jours, tous les immortels ont diné chez nous.

VANIER.

Oh ! alors !...

MADAME BEAUCORNET.

On vote aujourd'hui.

VANIER.

Mes compliments...

MADAME BEAUCORNET.

Oui, oui... plus tard... voyons ce meuble...

VANIER, ouvrant la porte du fond, à gauche **.

Volontiers, je vais vous conduire... (L'invitant à sortir en s'inclinant.) Madame... (S'arrêtant.) Ah !... mais je dois vous prévenir.

BAPTISTE, entrant de droite.

Une bonne est là, qui demande madame Beaucornet...

MADAME BEAUCORNET.

C'est moi, faites entrer...

Elle passe.

SCÈNE III

VANIER, MADAME BEAUCORNET, PAULINE ***.

PAULINE.

Madame, mademoiselle Cléopâtre est arrivée.

* Madame Beaucornet, Vanier.
** Vanier, Madame Beaucornet.
*** Vanier, Madame Beaucornet, Pauline.

MADAME BEAUCORNET.

Qui cela, mademoiselle Cléopâtre ?... (Avec un cri.) Ah ! ma fille...(A Vanier.) Au fait, je me souviens ! cette chère petite.... Elle sort du couvent aujourd'hui... c'était même la distribution des prix ; mais je n'ai pas eu le temps d'y aller .. Ah ! ce Paris, un vrai minotaure.... Où est ma fille ?

Vanier qui, tout en parlant, a continué la vérification du catalogue, remonte au fond à gauche. — Un domestique paraît au fond et remet une lettre à Vanier qui la lit. — Le domestique disparait;

PAULINE.

Son professeur de piano l'a ramenée, elle est dans un fiacre avec lui. à quelques pas d'ici.

MADAME BEAUCORNET.

Comment, ce n'est pas M. de Valdinde ?...

PAULINE.

Non, madame.

MADAME BEAUCORNET.

Envoyez-la moi !... Ah ! Pauline ?

PAULINE.

Madame...

MADAME BEAUCORNET.

Le domestique que j'attendais?...

PAULINE.

Est arrivé, ainsi que la femme de chambre pour mademoiselle...

MADAME BEAUCORNET.

Bien... bien... allez... allez !

Pauline sort.

SCÈNE IV

VANIER, MADAME BEAUCORNET, puis POLYCARPE DE FOLLEBRAISE.

MADAME BEAUCORNET, à Vanier qui redescend de gauche.

C'est pour la chambre de ma fille que je voudrais le meuble

du boudoir. Dépêchons-nous, il faut que je sois à une heure
chez Gagelin pour essayer ma robe de bal... une invention de
la petite Valès, une fée !...

VANIER.

Mon Dieu, madame, c'est que j'apprends à l'instant que la
vente n'aura pas lieu.

POLYCARPE, entrant du fond à droite *.

En effet, tenez, mon cher Vanier. (Apercevant madame Beaucornet.) Ah ! (La saluant.) Madame !... (A Vanier.) Voici la dépêche
de mon ami le comte Adhémar de Verasoy... Il me laisse
carte blanche. Pour commencer, j'achète pour lui tout ce que
contient l'hôtel...

MADAME BEAUCORNET.

Vraiment ! je me sauve, alors. A ce soir, cher monsieur de
Folichraise... car vous venez à mon bal ?

POLYCARPE.

Certainement, chère madame ; je vous demanderai même
deux invitations : l'une pour le comte Adhémar, l'autre pour
son ex-tuteur, le chevalier de Pont-Cassé.

MADAME BEAUCORNET.

Où faudra-t-il les envoyer ?

POLYCARPE.

Mais ici...

MADAME BEAUCORNET.

C'est convenu... à ce soir... Je cours chez Gagelin...

Elle remonte à gauche.

POLYCARPE.

A ce soir !

MADAME BEAUCORNET, sur le seuil de la porte, s'arrêtant.

C'est drôle ! il me semble que j'oublie quelque chose... Oh !
je m'en souviendrai en route.

Elle sort.

* Vanier, Polycarpe, madame Beaucornet.

SCÈNE V

VANIER, POLYCARPE.

POLYCARPE.

Ainsi, c'est dit... cent cinquante mille francs pour tout ce que contient l'hôtel!

VANIER.

Parfaitement, affaire conclue.

POLYCARPE.

Faites déchirer les affiches.

VANIER.

Je vais donner des ordres, nous allons rédiger un petit acte.

POLYCARPE.

Volontiers, où peut-on écrire?

VANIER.

Là, dans le fumoir.

Ils entrent à droite.

SCÈNE VI

CLÉOPATRE, puis BEAUCORNET, puis BAPTISTE.

CLÉOPATRE, uniforme de pensionnaire, tenant des livres et des couronnes à la main, entre de gauche.

Au premier étage, m'a dit Pauline, ce doit être ici. Je suis en retard. Monsieur Gamilowitz, mon maître de piano, ne voulait pas me laisser aller; mais où est donc maman?... Je ne vois pas maman du tout... m'aurait-il fait perdre maman? (Apercevant les bijoux.) Oh! que c'est beau tout ça, des diamants, des émeraudes, des saphirs, je suis donc chez un bijoutier.

Elle dépose ses livres et ses couronnes sur la table de gauche et examine les bijoux. Beaucornet entre de droite très-préoccupé, un manuscrit à la main.

BEAUCORNET* sur le devant de la scène, déclamant sans voir Cléopâtre.

Messieurs, c'est avec une gigantesque émotion que je prends

* Cléopâtre, Beaucornet.

cet immortel fauteuil où vos suffrages immérités ont bien voulu m'asseoir... mon peu de valeur, l'insuffisance de mes labeurs géants.

CLÉOPATRE, qui après avoir examiné les bijoux a feuilleté les volumes placés sur la table à côté de ses prix, apercevant Beaucornet qui fait de grands bras. — A part.

Tiens, un aiguilleur !

Elle remonte et gagne la droite.

BEAUCORNET, mettant vivement son manuscrit dans sa poche.

Quelqu'un ! (S'inclinant profondément.) C'est à monsieur de Saint-Dizier que j'ai l'immortel honneur de parler * ?. .

CLÉOPATRE, avec un cri.

Tiens ! papa !

BEAUCORNET, surpris.

Cléopâtre ! ma fille ! pourquoi n'es-tu pas à l'acadé... (Se reprenant.) Au couvent... c'est-à-dire ?

CLÉOPATRE.

J'en suis sortie aujourd'hui.

BEAUCORNET, s'asseyant à la table de gauche.

Ta présence me l'apprend. (A part, entre ses dents.) Messieurs, c'est avec une gigantesque émotion...

CLÉOPATRE, sans l'écouter.

Et pour n'y plus rentrer. J'ai fini toutes mes c'asses, je n'a plus rien à apprendre...

BEAUCORNET, à part.

Ineffable candeur !

CLÉOPATRE **, passant à gauche de la table.

J'ai eu des couronnes... des prix... les voici...

Elle désigne les livres qui sont sur la table.

BEAUCORNET, prenant les volumes sur la table.

Voyons. (Lisant.) « *Madame de Chalis, Fanny. Le cas de Monsieur Guérin.* » (S'arrêtant.) Singulier choix,

CLÉOPATRE, prenant ses prix sur la table.

Mais non, ce n'est pas cela. Tiens, voici mon prix de danse.

BEAUCORNET, lisant.

Robinson Suisse, 1er volume.

---

* Beaucornet, Cléopâtre.
** Cléopâtre, Beaucornet.

CLÉOPATRE.

Mon prix de croissance...

BEAUCORNET, de même.

Robinson Suisse, 2ᵉ volume.

CLÉOPATRE.

Et enfin, mon prix de vélocipède. .

BEAUCORNET.

Robinson... Crusoé, 3ᵉ volume ; c'est presque complet. (a part.) Quelle singulière éducation ! (Haut, se levant.) Embrasse-moi, mon enfant, tu es digne des palmes qui verdiront bientôt l'habit de ton père. Je suis fier de toi, mais cela ne me dit pas pourquoi tu es ici ?...

CLÉOPATRE.

J'y suis parce que Pauline m'a dit que maman m'y attendait.

BEAUCORNET à part.

Eucharis serait-elle venue solliciter la voix de M. de Saint-Dizier pour moi? ce ne serait pas bête... et il faut que je sache... (A Baptiste qui entre par la droite portant divers objets.) Dites-moi, mon ami, M. de Saint-Dizier est-il visible?

BAPTISTE, rangeant des objets sur la console à gauche *.

M. de Saint-Dizier, au second, la porte en face.

BEAUCORNET.

Nous sommes donc au premier?

BAPTISTE.

Au-dessus de l'entresol, oui, monsieur.

BEAUCORNET, à part.

Suis-je étourdi! c'est mon discours que je relisais en montant. (A Baptiste.) Chez qui sommes-nous ici?...

BAPTISTE.

Chez madame Hermosa, qui est partie pour la Russie et dont on vend le mobilier...

BEAUCORNET.

Tout m'est expliqué. Eucharis adore les ventes. (A Baptiste.) Vous avez une dame ici?

----

* Cléopâtre, Baptiste, Beaucornet   1.

BAPTISTE.

Oui, monsieur, elle est dans la serre... au fond du boudoir. (Confidentiellement.) Elle voit les albums.

Il sort.

BEAUCORNET.

Cléopâtre, c'est ta mère, attends-la, chère enfant. Il faut que
je te quitte. (Tirant un manuscrit de sa poche.) C'est aujourd'hui l'é-
lection, et j'ai encore huit ou neuf courbettes à exécuter... je
monte chez M. de Saint-Dizier... fais des vœux pour mes
palmes. (Lisant.) « Messieurs, c'est avec une gigantesque émotion..... »

Il sort par le fond à droite.

SCÈNE VII

CLÉOPATRE, POLYCARPE, VANIER, puis MUSTENFLUTE.

CLÉOPATRE, gagnant la droite.

Pauvre papa! se donne-t-il de la peine!

POLYCARPE *, entrant avec Vanier.

Nous voilà d'accord, le notaire du comte vous attend, il
terminera avec vous.

CLÉOPATRE, à part, examinant Polycarpe.

Tiens, il me semble que je connais ce monsieur... (A part,
voyant entrer Mustenflûte.) Oh! la belle dame!

MUSTENFLUTE, entrant de gauche **.

Qu'est-ce qu'on m'a dit, Vanier, votre méchant tableau
vaut dix mille francs!...

VANIER.

Au moins!

MUSTENFLUTE.

Alors, Ernest, vous pouvez vous fouiller.

CLÉOPATRE, à part.

Vous fouiller!... Je retiendrai ça.

* Polycarpe, Vanier, Cléopâtre.
** Polycarpe, Mustenflûte, Vanier, Cléopâtre.

VANIER.

Du reste, je dois vous dire que!...

MUSTENFLUTE, à Polycarpe.

Tiens, Polycarpe !

POLYCARPE.

Mustenflûte !

CLÉOPATRE, à part.

Le drôle de nom !

POLYCARPE, à Mustenflûte.

Je viens de chez vous, chère belle.

MUSTENFLUTE.

Retour de l'amant prodigue ?

POLYCARPE.

Pas précisément.

VANIER.

Je voulais vous dire, chère amie, que le Watteau en question .'est plus à vendre ; tout a été acheté par M. de Follebraise... pour un de ses amis.

Mustenflûte est remontée à gauche.

CLÉOPATRE, à part.

Follebraise !... c'est bien cela... J'ai vu ce monsieur chez
papa. (A Polycarpe.) Monsieur, vous n'auriez pas vu maman ?

POLYCARPE, passe trois *.

Maman ! qui ça, maman, mademoiselle ?

CLÉOPATRE.

Vous ne me reconnaissez pas, monsieur ?... c'est que j'ai
grandi : je suis la fille de monsieur Beaucornet.

POLYCARPE.

Le candidat perpétuel... Mais oui, je vous reconnais à présent.

VANIER.

Comment, mademoiselle, si jeune et déjà fille d'un candidat perpétuel !

CLÉOPATRE.

Oui, monsieur.

---

* Mustenflûte, Vanier, Polycarpe, Cléopâtre.

VANIER.

Madame votre mère est partie, mademoiselle.

CLÉOPATRE.

Partie !

VANIER.

Il y a une grande demi-heure.

MADAME BEAUCORNET, dans la coulisse.

Ma fille ! où est ma fille ?...

CLÉOPATRE.

C'est elle, la voici.

Madame Beaucornet entre.

SCÈNE VIII

LES MÊMES, MADAME BEAUCORNET *.

MADAME BEAUCORNET, à Cléopâtre.

Ah ! chère enfant !... je t'avais oubliée, pardonne-moi, j'ai la tête perdue !... mes invitations... ma toilette... il faut retoucher la robe... elle était tr..p, ou plutôt pas assez... mais tu n'as pas besoin de savoir cela..., viens vite, tu prendras une autre voiture pour rentrer pendant que je continuerai mes courses... Adieu, messieurs, à ce soir. (A Mustenflûte.) Madame !...

MUSTENFLUTE, avec emphase.

Madame !...

MADAME BEAUCORNET, à part.

Oh ! une égarée ! (A sa fille.) Viens, viens, Cléopâtre.

Cléopâtre reprend ses livres et ses couronnes, elles sortent à droite **.

MUSTENFLUTE, riant.

Cléopâtre !... ah ! ah ! ah ! le bon nom.

POLYCARPE.

Mon cher Vanier, je crains que mon ami ne soit déjà arrivé. Veuillez faire porter ce mot au Grand-Hôtel.

VANIER, remontant à droite.

Comptez sur moi.

---

* Mustenflûte, Vanier, madame Beaucornet, Cléopâtre, Polycarpe
** Mustenflûte, Vanier, Polycarpe.

MUSTENFLUTE à Vanier.

Mettez-moi dans mon panier.

POLYCARPE, la retenant par la main *.

Non, restez, Mustenflûte, j'ai à vous parler.

MUSTENFLUTE.

Sérieusement ?

POLYCARPE.

On ne peut plus sérieusement. Allez, mon ami.

Vanier sort à droite

SCÈNE IX

MUSTENFLUTE, POLYCARPE.

POLYCARPE , s'asseyant sur le canapé à droite, près de Mustenflute.

Ma chère Mustenflûte, je vous disais que... ah !... j'ai de par le monde un ami fort riche...

MUSTENFLUTE, riant.

Ah ! bah !

POLYCARPE.

Pourquoi cet étonnement ?... Vous n'avez bien que des amis millionnaires, vous!

MUSTENFLUTE, ironiquement.

Oh ! il y a des exceptions !

POLYCARPE.

Est-ce parce que je n'ai plus le moindre brin d'herbe au soleil ?... et *Soliman*, le comptez-vous pour rien ?...

MUSTENFLUTE.

Un cheval !... Je ne suis pas hippophage.

POLYCARP-E.

Soliman, chère amie, doit me faire gagner plus de huit cent mille francs à Epsom dans huit jours.

MUSTENFLUTE.

Bonne chance ! mais revenons à votre ami.

POLYCARPE.

C'est le comte Adhémar de Verasoy; il vient se fixer à Paris et m'a chargé de l'installer et de le lancer... Je suis en

* Mustenflute, Polycarpe, Vanier.

train... J'ai déjà acheté tout ce mobilier qu'on devait vendre demain, ainsi que les chevaux, les voitures, etc., etc...

MUSTENFLUTE, soupirant.

Alors, c'est lui qui va avoir mon Watteau.

POLYCARPE.

Oui, mais il pourra vous le céder à... bon compte.

MUSTENFLUTE.

Comment ?

POLYCARPE.

Je vous présenterai aujourd'hui même à M. de Verasoy. Je veux faire d'Adhémar le roi des viveurs, et vous pouvez hâter son avancement au trône...

MUSTENFLUTE, avec pudeur.

Ah ! Polycarpe !... j'ai peur de vous comprendre !

Elle se lève.

POLYCARPE, se levant.

Bah !... un peu de courage !

MUSTENFLUTE, changeant de ton.

Et vous appelez ça à bon compte ?... vous êtes encore poli...

POLYCARPE.

Allons, voyons...

MUSTENFLUTE.

En vérité, Polycarpe, je ne sais si je dois...

POLYCARPE.

Mais oui... mais oui... vous devez... et beaucoup !... Eh bien... Adhémar a trois millions en terre.

MUSTENFLUTE, éblouie.

Trois millions !... (Sentimentalement.) Ah ! la terre !... il n'y a encore que ça.

POLYCARPE.

A cinq heures, Adhémar vous portera une avant-scène pour le Palais-Royal ?... Est-ce dit ?

MUSTENFLUTE, remontant *.

Vous me permettrez bien de réfléchir un peu. Est-il bien au moins, votre ami ?

* Polycarpe, Mustenflûte.

POLYCARPE.

Un Antinoüs.

MUSTENFLUTE, avec terreur.

Si j'allais l'aimer ?

POLYCARPE.

Je vous promets de l'aller dire à Rome.

MUSTENFLUTE.

Vous êtes insupportable !

POLYCARPE.

Et vous, vous êtes charmante !

Il lui baise la main, Mustenflûte sort à droite.

SCÈNE X

POLYCARPE, un instant seul, puis BAPTISTE, ensuite
ADHÉMAR DE VERASOY, puis KERCKOFF.

POLYCARPE, tirant le cordon de sonnette à la cheminée.

J'espère qu'Adhémar rendra justice à ma promptitude;
maintenant achevons notre œuvre.

Il s'assied à la table de gauche.

BAPTISTE *, entrant de droite.

Monsieur a sonné ?

POLYCARPE, écrivant.

Tu le sais bien, puisque te voilà.

BAPTISTE.

C'est juste, monsieur... mais ça se dit.

POLYCARPE.

As-tu une place ?

BAPTISTE.

Pas encore, monsieur.

POLYCARPE.

Très-bien. Je t'arrête, tu entres comme valet de chambre
chez monsieur le comte Adhémar de Verasoy, qui va arriver
tout à l'heure.

* Polycarpe, Baptiste.

BAPTISTE.

Les conditions ?...

POLYCARPE.

Les mêmes.

BAPTISTE.

Pardon... monsieur, chez madame Hermosa... il y avait...

POLYCARPE.

Des profits ?... c'est juste... tu auras le double. Dis au cocher, au palefrenier, à la cuisinière qu'on les garde également.

BAPTISTE.

Bien, monsieur...

POLYCARPE, qui écrivait tout en parlant.

Porte ces deux lettres au Cercle, et passe ensuite chez mon tailleur, mon chemisier et mon coiffeur, et prie-les de se rendre ici dans une heure.

ADHÉMAR, paraissant du fond à droite *.

M. Polycarpe de Follebraise?

POLYCARPE, courant à lui.

Adhémar!... mon cher Adhémar!...

ADHÉMAR, lui serrant la main.

Me voilà!

Baptiste s'en va.

POLYCARPE. **

Eh bien? et ton tuteur, le chevalier?

ADHÉMAR.

Il est encore à la gare; un colis perdu, des tableaux... je ne sais quoi... je lui ai laissé un mot au Grand-Hôtel, il viendra me rejoindre ici.

POLYCARPE.

Parfait!

ADHÉMAR.

Chez qui sommes-nous donc?

POLYCARPE, passant, chapeau à la main, cheveux plats, pardessus démodé, petit sac de voyage en sautoir.

Chez toi.

* Polycarpe, Adhémar.
** Adhémar, Polycarpe.

ADHÉMAR.

Comment .. chez moi?

POLYCARPE.

Oui.... Ah! j'ai usé largement de la carte blanche que tu me laissais. Tu en as déjà pour cent cinquante mille francs.

ADHÉMAR.

Peste!

POLYCARPE, se promenant avec Adhémar.

Hier, tu as été reçu à l'unanimité de notre Cercle : le cercle des Interdits.

ADHÉMAR, s'arrêtant.

Mais je ne suis pas interdit, moi !

POLYCARPE.

Tu l'as peut-être été..

ADHÉMAR.

Mais non ?

POLYCARPE.

Eh bien! tu le seras! On *l'est*, *le fut*, *ou le doit être*, c'est notre devise. Demain... tu auras vingt amis; dans huit jours... tu en auras cent.

ADHÉMAR.

C'est beaucoup.

POLYCARPE.

Oh! ils durent si peu ; tu as trois voitures, cinq chevaux On attellera à quatre heures; nous irons au Bois... à cinq heures tu iras chez ta maîtresse.

ADHÉMAR.

Ah bah!

POLYCARPE.

C'est arrangé!... elle t'aime déjà. A six heures et demie tu viens dîner au Cercle, je te présente à nos amis, puis nous allons dire bonsoir à Mustenflûte.

ADHÉMAR.

Mustenflûte?

POLYCARPE.

C'est ta maîtresse.

ADHÉMAR.

Ah! bon !

POLYCARPE.

Ta maîtresse, à qui tu auras porté une avant-scène du théâtre du Palais-Royal. A minuit nous allons au bal chez madame Beaucornet. A trois heures nous soupons au café Anglais. Demain nous allons aux courses. Après-demain...

ADHÉMAR.

Un instant... un instant... tu m'effrayes!

POLYCARPE.

Ah! bien... tu n'es pas au bout.

BAPTISTE, entrant*.

Le tailleur de monsieur le comte.

ADHÉMAR.

Qu'est-ce que c'est que celui-là ?

POLYCARPE.

Ton valet de chambre. (Baptiste salue Adhémar. — A Baptiste.) Fais entrer.

ADHÉMAR.

Ah ! mais, permets... J'ai deux malles pleines d'habits.

POLYCARPE.

Connu !... Tu les donneras à Baptiste.

ADHÉMAR.

Baptiste ?

POLYCARPE, s'asseyant sur le canapé.

C'est ton valet de chambre..

Entrée du tailleur **.

ADHÉMAR.

Ah! bon !

POLYCARPE.

Mon cher Kerckoff, monsieur le comte Adhémar de Vérasoy devient votre client; il lui faut un costume complet dans deux heures... et une toilette irréprochable pour ce soir... Est-ce compris?

KERCKOFF, s'inclinant.

Oui, monsieur.

* Adhémar, Baptiste, Polycarpe.
** Adhémar, Kerckoff, Polycarpe,

ADHÉMAR, ahuri.

Alors, prenez-moi mesure, mon cher Kerckhoff.

KERCKHOFF.

Inutile, monsieur le comte... Je travaille au jugé... Que monsieur le comte veuille bien se retourner seulement. Adhémar se retourne. Il fait le geste de lui prendre mesure à distance, en trois mouvements.) Cela suffit!... (Saluant.) Messieurs, j'ai bien l'honneur de vous saluer.

POLYCARPE, se levant, au tailleur.

Soyez exact!

Kerckoff sort vivement, suivi de Baptiste.

SCÈNE XI

POLYCARPE, ADHÉMAR, puis ARTHUR DE COFFREFORT, ensuite BAPTISTE.

ADHÉMAR, passant à droite*.

Ah çà! mais... je rêve!

POLYCARPE.

Pas le moins du monde! D'abord, mon ami, à Paris, on n'a pas le temps de rêver, puisqu'on n'a pas le temps de dormir.

ARTHUR entrant **.

Bonjour, messieurs. (Riant.) Quelle drôle d'époque!

POLYCARPE.

Je te présente M. Arthur de Coffrefort, mon ami... Arthur. je te présente M. le comte Adhémar de Verasoy.

On se salue.

ARTHUR.

Monsieur le comte, enchanté de... C'est monsieur que nous avons eu l'honneur de présenter hier au cercle ?

ADHÉMAR.

Précisément, et permettez-moi, monsieur, de vous remercier d'avoir bien voulu me servir de parrain...

---

* Polycarpe, Adhémar.
** Polycarpe, Arthur, Adhémar.

ARTHUR, lui tendant la main.

Il n'y a pas de quoi, mon cher, entre nous, tu sais... Allons, bon ! voilà que je vous tutoie...

POLYCARPE.

Eh bien, pourquoi ne vous tutoieriez-vous pas ?

ARTHUR.

Au fait !...

POLYCARPE, à Adhémar.

Qu'en dis-tu ?

ARTHUR.

Il est certain qu'entre gens du même monde... (A Adhémar.) Tutoyons-nous, veux-tu ?

ADHÉMAR, riant.

Comme tu voudras.

ARTHUR.

Ta main ! Désormais, tout est commun entre nous. (Riant.) Quelle drôle d'époque !...

Il passe à gauche [*].

ADHÉMAR, bas à Polycarpe.

Pourquoi donc dit-il toujours ça ?...

POLYCARPE.

Ne fais pas attention... c'est un tic.

ADHÉMAR, riant.

Ah ! c'est égal, on va vite en besogne à Paris.

BAPTISTE, entrant.

Le chemisier et le coiffeur de Monsieur attendent M. le comte dans sa chambre à coucher.

ADHÉMAR.

Vous permettez, messieurs?

ARTHUR.

Nous te le permettons... Je te tutoie toujours, tu sais.

POLYCARPE.

C'est ça... va te *parisienniser*.

Adhémar suivi de Baptiste, sort à gauche.

* Arthur, Polycarpe, Adhémar.

SCÈNE XII

POLYCARPE, ARTHUR, puis LE CHEVALIER
DE PONT-CASSÉ, et ensuite MITCHELS.

ARTHUR, assis à gauche de la table.

Charmant garçon que ton... que notre ami... comment
l'appelles-tu?...

POLYCARPE.

Adhémar de Verasoy.

ARTHUR.

Ah! oui, charmant garçon!

LE CHEVALIER, entrant de droite et déposant sa valise au fond.

Pardon, messieurs *...

ARTHUR, à part, assis.

Quel est ce bonhomme?

POLYCARPE.

Que désirez-vous, monsieur?

LE CHEVALIER.

M. Adhémar de Verasoy, mon neveu et mon pupille, m'a
prié de le rejoindre ici.

POLYCARPE.

C'est donc à M. le chevalier de Pont-Cassé que j'ai l'honneur de parler?

LE CHEVALIER.

Oui, monsieur... mais moi-même?...

POLYCARPE, saluant.

Polycarpe de Follebraise, l'ami du comte de Verasoy.

LE CHEVALIER.

Oui... oui... fort bien!... enchanté, monsieur; M. Adhémar
vous avait écrit pour vous prier...

POLYCARPE.

De veiller à votre installation! Eh bien, c'est déjà fait, et
vous êtes ici chez vous, monsieur le chevalier.

____

* Arthur, le Chevalier, Polycarpe

LE CHEVALIER.

C'est à merveille!... (Il s'asseoit sur le canapé.) Vous permettez?... Je suis brisé!

Polycarpe a pris la chaise près du canapé et s'est assis à côté du chevalier[*].

ARTHUR, assis au guéridon.

Monsieur le chevalier n'a pas l'habitude de voyager?...

LE CHEVALIER.

Je n'ai jamais quitté ma terre de Pont-Cassé... Ah! si... Il y a une trentaine d'années, je suis allé à Carpentras... En ce temps-là, on voyageait en patache, à son aise et sans rien perdre... tandis qu'aujourd'hui!... Figurez-vous que nous avons laissé en chemin une caisse qui renfermait des portraits de famille... il y a eu un petit déraillement à trente lieues d'ici, on a changé de wagons... et il paraît que dans la bagarre... on a fait jouer le télégraphe. Ah! je suis contrarié! vous comprenez; un salon sans ancêtres, ça a tout de suite l'air d'une chambre d'auberge.

POLYCARPE, prenant des notes sur son carnet.

Pardon! Les de Pont-Cassé étaient?...

LE CHEVALIER.

De robe et d'épée.

POLYCARPE, qui écrit un mot.

De robe et d'épée, il suffit!... (A Baptiste qui veut enlever la valise du chevalier.) Ce mot à son adresse sur-le-champ.

BAPTISTE.

Bien, monsieur.

Il sort à gauche.

MITCHELS [**], entrant comme le vent.

Bonjour, messieurs!

ARTHUR, se levant.

Tiens! c'est Mitchels!... Eh bien, votre grande affaire?

MITCHELS, très-vite.

Mes ballons-omnibus captifs? ça va un train d'enfer! Beaucornet, mon associé, aura fait une bonne spéculation; j'étais même venu pour lui parler; on m'a dit qu'on l'avait vu entrer ici.

---

* Arthur, Polycarpe, le Chevalier.
** Polycarpe, Arthur, Mitchels, le Chevalier.

ARTHUR.

Nous ne l'avons pas aperçu.

MITCHELS.

Merci et adieu !

ARTHUR.

Dites donc !... dites donc !... Et madame Mitchels ?

MICHEL.

Ma femme ?... Elle vient de me donner un troisième héri-
tier après deux ans de mariage : c'est le compte. Dans ma
famille, nous venons tous à sept mois.

LE CHEVALIER.

Diable !... Et vous mourez ?...

MITCHELS.

Subitement, messieurs.

Il sort en courant.

ARTHUR.

Ce n'est pas un homme, c'est un vélocipède.

LE CHEVALIER, *étonné.*

Ventre saint bleu ! quel gaillard !... Mais avec tout cela, je
ne vois pas Adhémar.

POLYCARPE.

Le voici, monsieur le chevalier.

SCÈNE XIII

LES MÊMES, ADHÉMAR, rasé, frisé, tenue très-élégante, et à
la dernière mode *.

ADHÉMAR, *courant au Chevalier.*

Ah ! mon oncle !

LE CHEVALIER.

Ah ! c'est toi, tu as, ma foi, fort bon air ainsi... Embrasse-
moi.

ADHÉMAR, *tirant sa montre.*

Diable ! bientôt deux heures !... Il n'y a pas une minute à
perdre !

Il oublie l'accolade et va prendre ses gants.

* Polycarpe, Arthur, Adhémar, le Chevalier.

LE CHEVALIER, à part.

Il est pressé, je l'embrasserai plus tard.

ARTHUR, passant *.

Je vous quitte. Je vais au Tattersall. (A Adhémar.) Nous te verrons ce soir ?

ADHÉMAR lui donnant la main.

Tu vas chez madame Beaucornet ?

ARTHUR.

Certes !

ADHÉMAR.

Eh bien, alors, à ce soir...

ARTHUR, saluant.

Chevalier !

LE CHEVALIER, saluant.

Monsieur... (A part.) Il paraît qu'ils sont très-liés...

Arthur sort.

SCÈNE XIV

LE CHEVALIER, ADHÉMAR, POLYCARPE, puis BAPTISTE et des DOMESTIQUES.

LE CHEVALIER, à Adhémar **.

Tu connais donc ce monsieur depuis longtemps ?

ADHÉMAR, mettant ses gants.

Je le connais depuis une heure.

LE CHEVALIER.

Et tu le tutoies ?...

ADHÉMAR.

Depuis cinquante minutes. (Il sonne. A Polycarpe.) On doit avoir attelé ?

POLYCARPE.

Je le pense.

* Polycarpe, Adhémar, Arthur, le Chevalier.
** Polycarpe, Adhémar, le Chevalier.

ADHÉMAR, appelant.

Baptiste! Baptiste! Ah çà! mais ce drôle-là ne viendra donc pas?

BAPTISTE, entrant.

Que monsieur le comte me pardonne, mais...

POLYCARPE, à Adhémar.

Oui, je lui avais donné une commission... (A Baptiste.) Eh bien? *

BAPTISTE *.

Ils sont là, monsieur, j'en ai trois : ils viennent de la salle Drouot... Voici la facture.

POLYCARPE, prenant le papier.

Fais apporter. (Lisant.) Un président, un diplomate et un mousquetaire ; c'est parfait. (Aux domestiques qui apportent les tableaux.) Accrochez. (Les domestiques suspendent à la muraille les portraits des personnages que Polycarpe vient de nommer. — Au Chevalier.) Monsieur le chevalier, voilà l'accident réparé **.

LE CHEVALIER, lorgnant les toiles ***.

Qu'est-ce que c'est que ça?

POLYCARPE, simplement.

Vous avez égaré, m'avez-vous dit, des portraits de famille?

LE CHEVALIER.

Sans doute.

POLYCARPE.

Eh bien, en voici d'autres pour les remplacer.

LE CHEVALIER, sautant.

Comment! remplacer mes ancêtres

POLYCARPE, froidement.

Ils ne ressemblent pas?

LE CHEVALIER.

Je le crois bien, ventre saint b'eu!

* Baptiste, Polycarpe, Adhémar, le Chevalier.
** Polycarpe, Adhémar, le Chevalier.
*** Adhémar, le Chevalier, Polycarpe.

POLYCARPE.

Bah! quand les armes des Pont-Cassé seront sur le cadre...

LE CHEVALIER, indigné.

Ah! c'est trop fort!

POLYCARPE.

D'ailleurs ce ne sont que des ancêtres provisoires.

LE CHEVALIER, à part *.

Où allons-nous?... où allons-nous?...

POLYCARPE, à Baptiste, qui s'est tenu au fond à droite.

La voiture est en bas?

BAPTISTE.

Oui, monsieur.

POLYCARPE, à Adhémar.

Eh bien, pars. Je te retrouverai, à six heures et demie, au Cercle.

ADHÉMAR.

C'est dit! (Au chevalier.) Mon cher oncle, à bientôt! je vais chez une femme charmante, que je n'ai pas encore vue, mais que j'adore : mademoiselle Mustenflûte.

Fausse sortie.

LE CHEVALIER, ahuri.

Hein?... Musten... quoi?

ADHÉMAR.

Flûte... (A Polycarpe.) A propos... où demeure-t-elle?

POLYCARPE.

36, rue de Penthièvre.

ADHÉMAR.

Parfait! je cours lui chercher sa loge.

LE CHEVALIER, criant.

Mais où te retrouverai-je?...

ADHÉMAR.

Polycarpe vous le dira... adieu, adieu!...

Il sort vivement à droite.

* Le Chevalier, Adhémar, Polycarpe.

SCÈNE XV

POLYCARPE, LE CHEVALIER, BAPTISTE.

LE CHEVALIER, marchant vivement.

Une maison montée, des intimes, une maîtresse !... Et voilà
quatre heures seulement que nous sommes arrivés! mais
c'est étourdissant!

BAPTISTE*, entrant.

Une lettre pour monsieur le chevalier de Pont-Cassé!

LE CHEVALIER, la prenant et lisant.

Ah! du chemin de fer. sans doute... Non, une invitation de
monsieur et madame Beaucornet... mais il y a erreur.

POLYCARPE.

Non pas, non pas... Je vous ai présenté ce matin avant votre arrivée, pour ne pas perdre de temps. Vous venez au
bal avec Adhémar.

LE CHEVALIER.

Au bal, moi!...

POLYCARPE.

Vous ne pouvez vous en dispenser. D'abord, n'êtes-vous
pas venu à Paris pour veiller sur votre ex-pupille?

LE CHEVALIER.

Sans doute!...

POLYCARPE.

Eh bien... alors...

LE CHEVALIER, qui commence à avoir des hallucinations.

Oui... oui... Je comprends parfaitement... seulement...
permettez... allons bon! je ne sais plus ce que je voulais
dire... ah! c'est qu'en vérité, tout ce que je vois, tout ce que
j'entends... cette rapidité vertigineuse !...

Il passe.

POLYCARPE, traversant vivement.

Le mouvement perpétuel! la *furia francese*... mais c'est
notre vie, chevalier. Aujourd'hui... suivez-moi bien

---

* Le chevalier, Baptiste, Polycarpe.
** Polycarpe, le Chevalier.

LE CHEVALIER.

Oui, allez...

POLYCARPE.

Aujourd'hui nous vivons à la vapeur, frou, frou, frou, train express! (Imitant la trompette.) Tûûûû!

LE CHEVALIER.

Train express! frou! frou! frou!

POLYCARPE.

Ne perdez pas un mot!

LE CHEVALIER.

Non... express... (Imitant Polycarpe.) Tûûûû!

POLYCARPE.

De ce temps tout s'improvise...

LE CHEVALIER.

Ah!

POLYCARPE.

L'amour, l'amitié...

LE CHEVALIER.

Oui.

POLYCARPE.

La maîtresse aimée d'aujourd'hui est l'indifférente de demain...

LE CHEVALIER.

Bon.

POLYCARPE.

Le million gagné à la dernière liquidation se perd à cel'e qui la suit...

LE CHEVALIER.

Parfait!

POLYCARPE.

Souvenir veut dire huit jours, éternité trois mois...

LE CHEVALIER.

Admirable!

POLYCARPE.

Le gaz a remplacé le soleil... l'électricité, la poste ; nous faisons de la nuit le jour, et du jour la nuit...

LE CHEVALIER.

Sublime!

POLYCARPE.

Enfin, notre Paris à nous n'est plus celui où chaque jour avait vingt-quatre heures ; non, c'est le Paris dont chaque journée a vingt-quatre secondes : en un mot, c'est le Paris... ventre à terre !

LE CHEVALIER, transporté.

Ventre à terre !... il m'entraine !... il m'électrise... je sens qu'il me pousse des roulettes sous les bottes... frou !... frou !... Je ne sais pas ce que j'éprouve. Ma tête va éclater, mais je sens que je vais dépouiller le vieil homme, je sens que je vais devenir... fou...

POLYCARPE.

C'est très-bien porté ici. (Tirant sa montre, avec un cri.) Ah ! mon Dieu ! je n'ai pas un instant à perdre.

LE CHEVALIER.

Où allez-vous donc ?

POLYCARPE.

Je n'en sais rien, mais il faut absolument que j'y sois à trois heures.

Il s'élance au dehors.

LE CHEVALIER, tout à fait ahuri.

A trois heures !... (Enfonçant son chapeau sur sa tête.) J'y sera avant lui !...

Il sort en courant.

ACTE DEUXIÈME

Chez Beaucornet. — Salon élégant. — Portes au fond, donnant sur un second salon et portes latérales. Table ronde et chaises au milieu, fauteuil au premier plan à droite ; à gauche, canapé ; au fond du même côté, console avec candélabres, devant table de jeu; à droite, au fond, cheminée avec vases.

SCÈNE PREMIÈRE

JOSEPH, mettant des bougies dans les candélabres de la console,
JUSTINE, entrant par la droite, des fleurs à la main.

JUSTINE, portant des fleurs.

Monsieur Victor,....

JOSEPH, arrangeant des bougies sur la cheminée.

Mademoiselle Charlotte.

JUSTINE se retournant.

Tiens, vous n'êtes pas Victor?

JOSEPH.

Non, je suis Joseph.

JUSTINE.

Pourquoi m'appelez-vous Charlotte?

JOSEPH.

Parce qu'on m'a dit que c'était votre nom.

JUSTINE.

Je m'appelle Justine. Charlotte était le nom de la femme de chambre de madame Beaucornet que j'ai remplacée.

JOSEPH.

Comme Victor était celui du valet de chambre de Monsieur dont j'ai pris la place.

JUSTINE.

Vous n'êtes donc pas ici depuis longtemps?

JOSEPH.

Depuis ce matin, et vous?

JUSTINE.

Moi, j'y suis depuis une heure; croyez-vous la maison
bonne?

JOSEPH.

Euh! euh! ça m'est égal.

*Il s'assied à gauche du guéridon et roule des bougies dans des bandes
de papier.*

JUSTINE.

Moi aussi, du reste; j'ai l'habitude de faire deux services
par mois...

JOSEPH.

Moi, j'en fais quatre. (A Justine.) On donne donc un bal ici?

Il se lève.

JUSTINE.

Il paraît.

*Elle garnit de fleurs les vases de la cheminée, Joseph continue à placer des
bougies dans les candélabres.*

SCÈNE II

LES MÊMES, CLÉOPATRE, portant ses livres et ses couronnes.

CLÉOPATRE*, entrant du fond.

J'ai pris un fiacre et me voici.....

JUSTINE.

Quelle est cette jeune fille?

JOSEPH.

Que désire Mademoiselle?

CLÉOPATRE.

Mais rien, je suis la fille de madame Beaucornet.

---

* Joseph, Cléopâtre, Justine.

JOSEPH, à part.

Elle est gentille, la petite.

Il sort à gauche.

JUSTINE*.

Ah! vous êtes la fille de madame. Mademoiselle, je vous attendais, je suis votre femme de chambre.

CLÉOPATRE.

Tu t'appelles?

JUSTINE.

Justine, mademoiselle.

CLÉOPATRE avec joie.

Eh bien! Justine, maman achève ses courses, mais elle va rentrer. — J'ai eu trois prix! Dis donc, sais-tu pourquoi maman n'est pas venue à la pension pour la distribution?

JUSTINE.

Les apprêts de son bal, sans doute.

CLÉOPATRE.

Un bal, elle donne un bal, quand?

JUSTINE.

Mais ce soir.....

CLÉOPATRE.

Je comprends... pour mon entrée dans le monde, quel bonheur!... mais j'y songe, il me faudra une toilette et un coiffeur.....

JUSTINE.

Celui de madame viendra tout à l'heure.

CLÉOPATRE.

Oh! non, pas celui de maman..... un autre... je voudrais être coiffée comme mademoiselle... Mustenflûte, avec des petits, cheveux ici....

JUSTINE.

J'aurai votre affaire, je connais un coiffeur très à la mode à deux pas, c'est lui qui m'a entreprise pour notre dernier bal.

CLÉOPATRE, étonnée.

Votre bal?

* Cléopâtre, Justine.

JUSTINE.

Oui, le bal des gens de maison.

CLÉOPATRE.

Il faudra le prévenir.

JUSTINE.

Bien, mademoiselle.

On sonne en dehors.

CLÉOPATRE.

Oh! maman, sans doute!

SCÈNE III

LES MÊMES, MADAME BEAUCORNET.

MADAME BEAUCORNET, *entrant comme une trombe et venant tomber sur la chaise à droite du guéridon* [*].

J'ai cru que je ne rentrerais jamais. Ouf! quelle journée! (*A Cléopâtre qui vient pour l'embrasser, lui tendant la joue.*) Dépêche-toi. (*A Justine.*) Justine, ôtez mon chapeau, mon châle, mes gants, tout à la fois..... Je suis pressée.

Justine obéit.

CLÉOPATRE.

Et papa?

JUSTINE.

Monsieur n'est pas encore rentré.

MADAME BEAUCORNET, *se levant* [**].

Quel lambin! que fait-il? à cette heure il ne peut plus être dans l'urne. (*A Justine.*) Il faudra chiffonner une toilette pour cette enfant.

JUSTINE.

Bien, madame.

Elle sort un instant, en emportant le châle et le chapeau de madame Beaucornet.

CLÉOPATRE.

Pour ton bal... je sais..... que tu es bonne!

Elle embrasse sa mère.

[*] Cléopâtre, madame Beaucornet, Justine.
[**] Cléopâtre, Justine, madame Beaucornet.

MADAME BEAUCORNET.

Oui pour mon bal... Figure-toi que ma robe ne va pas
encore; on doit venir me l'essayer une dernière fois tout à
l'heure. Ah! que de courses!.... la fleuriste, Chevet; le souper
sera magnifique, mais c'est ce misérable tapissier que je n'ai
pas pu attraper, et il faut qu'il me transforme la chambre de
ton père et la mienne... les salons ne suffiront pas... J'ai
lancé douze cents invitations.

CLÉOPATRE*.

Que ça?

MADAME BEAUCORNET, riant.

Elle est bonne, et je ne me suis pas occupée que de notre
fête, j'ai fait encore dix visites pour notre quête au profit des
jockeys infirmes, je n'ai trouvé personne, madame de Mérante
était au Bois, la comtesse d'Arcy au bain, madame d'Alvert
avait sa migraine et madame de Larchaux...avait son cousin.
(A Cléopâtre.) Pourquoi ton parrain ne t'a-t-il pas ramenée?
Je l'en avais prié, il y a quatre jours, en revenant du Bois.

CLÉOPATRE.

Dame! je l'ai attendu, et voyant qu'il ne venait pas, j'ai ac-
cepté le bras de M. Gamilowith.

MADAME BEAUCORNET.

M. Gamilowith?

CLÉOPATRE.

Oui, *Une, deux.*

MADAME BEAUCORNET.

Une, deux?

CLÉOPATRE.

Le professeur de piano; c'est un petit nom que nous lui
avons donné à la pension, il reviendra dans la soirée, je te
le présenterai... ne lui dis pas que nous l'appelons ainsi,
M. Gamilowith est fier.

MADAME BEAUCORNET.

C'est un Polonais?

* Cléopâtre, madame Beaucornet.

CLÉOPATRE.

Pas précisément. Il est de Versailles, mais il a eu tant de
malheurs!....

Justine entre et va à la cheminée ranger divers objets.

MADAME BEAUCORNET.

Que ça revient au même... Et es-tu contente de ce professeur?

Elle s'assied à droite du guéridon.

CLÉOPATRE, *timidement.*

Oui, maman, ah! c'est un fameux musicien. Connais-tu :
Pensée rêveuse, murmure à quatre mains, pour tam-tam et
viole d'amour.

MADAME BEAUCORNET,

Non.

CLÉOPATRE.

Eh! bien, c'est de lui... ah! quel artiste! (A part.) Seulement
il embrasse trop fort.

MADAME BEAUCORNET, *s'arrangeant devant la glace qu'elle tient à
la main.*

Ah çà! mais... je suis écarlate ! (A Justine.) Allez me chercher ma pomme.

JUSTINE *, *la prenant dans sa poche.*

La voici, madame.

MADAME BEAUCORNET.

Bien.

Elle s'asperge de poudre de riz.

JOSEPH, *entrant du fond.*

Madame, le chef demande si l'on peut servir?

MADAME BEAUCORNET

Mais non, il faut attendre Monsieur. (A Cléopâtre pendant que
Joseph s'en va.) As-tu faim, toi?

*Elle se lève **.*

CLÉOPATRE.

Mais oui.....

* Cléopâtre, Justine, madame Beaucornet.
** Cléopâtre, madame Beaucornet, Justine.

MADAME BEAUCORNET.

Heureux âge! c'est égal, ne mange pas trop, tu ne pourrais plus entrer dans ta robe. Tu souperas après le bal.

CLÉOPATRE,   qui a pris la houpette et s'est soupoudrée jusqu'au nez.

Oui, maman!

MADAME BEAUCORNET

Allons, qu'est-ce qu'elle a fait là, je vous demande un peu, petit pierrot. (Elle lui essuie le visage ; en se tournant, à Justine.) Justine, vous sortirez tous mes diamants.

CLÉOPATRE.

Ah! dis donc, maman, tu m'en prêteras un peu.

MADAME BEAUCORNET.

Mademoiselle, vous porterez des diamants quand vous serez mariée.

CLÉOPATRE.

Pas avant? ah bien ! alors, marie-moi tout de suite!

MADAME BEAUCORNET.

Nous y songerons, ton père et moi.

CLÉOPATRE.

Ah! j'y songerai bien aussi!

MADAME BEAUCORNET.

Songe d'abord à ta toilette de ce soir.

SCÈNE IV

LES MÊMES, JOSEPH, puis ALEXANDRE.

JOSEPH.

Le coiffeur de madame.

MADAME BEAUCORNET *.

Déjà? (Au coiffeur qui entre précipitamment.) Ah! plus tard, Alexandre.

ALEXANDRE, qui dépose fièvreusement ses instruments sur une table.

Plus tard! plus tard! pardon, madame, mais d'ici à onze heures, j'ai plus de trente coiffures à échafauder. Si je pars, il me sera impossible de revenir.

* Cléopâtre, Alexandre, madame Beaucornet.

MADAME BEAUCORNET.

Alors, prenez ma tête, bourreau !

Alexandre fait voler les épingles et éparpille les cheveux avec une ardeur incroyable.

SCÈNE V

Les Mêmes, CHOSOFF.

CHOSOFF, *entrant, au domestique, en le repoussant.*

C'est bon, c'est bon, madame m'attend.

MADAME BEAUCORNET.

Allons, Chosoff, à présent !

CHOSOFF, *déployant une toilette pleine de souliers et allant se mettre aux pieds de madame Beaucornet*.*

Votre pied, madame. (*Il s'agenouille.*) Le droit... non... le gauche... non, non le droit.   *Il essaye des souliers.*

MADAME BEAUCORNET.

Je n'en finirai jamais ! et Strauss qui ne m'a pas répondu. Il faut que je lui envoie un télégramme. Justine, de quoi écrire ?

ALEXANDRE.

Mademoiselle Justine, des épingles !

MADAME BEAUCORNET, *à Cléopâtre.*

Mais remue-toi donc.(*Au cordonnier.*) Trop grand, trop grand ! (*A Justine.*) Donnez vite ! — l'encre... la plume !.... (*Elle écrit.*) Strauss, rue..... (*Avec un cri.*) Aïe ! Alexandre, vous me clouez ! (*Écrivant toujours, au cordonnier.*) Trop grand encore. (*Elle signe.*) Justine, vite au télégraphe !

JUSTINE.

Bien, madame !

MADAME BEAUCORNET.

Ah ! attendez ! (*Prenant un autre papier.*) M. de Veaupincé que j'ai oublié, mais c'est un intime, il est encore temps. (*Ecrivant, au coiffeur.*) Alexandre, le chignon bien en l'air, que l'on voie le cou. (*A Justine en lui donnant la lettre.*) On trouvera

---

* Justine, Cléopâtre, Alexandre, Madame Beaucornet, Chosoff.

le vicomte au café Riche. Allez. (Justine sort. — Au cordonnier.)
Trop étroit ! trop étroit ! C'est pour une poupée, ça !

ALEXANDRE, saluant et sortant comme un trait.

Voilà qui est fait, madame.

Il sort.

CHOSOFF, avec une tape sur la plante du soulier.

Du coup, voilà votre numéro, madame, serviteur...

Il sort.

MADAME BEAUCORNET, souffrant. — Elle se lève et marche avec peine.

Ah ! respirons un peu. Oh ! la... oh ! la la.

SCÈNE VI

CLÉOPATRE, MADAME BEAUCORNET, BEAUCORNET, puis JOSEPH et JUSTINE.

BEAUCORNET, venant tomber sur un siége à gauche*.

Je suis brisé.

MADAME BEAUCORNET.

M. Beaucornet.

CLÉOPATRE.

Papa !   Courant à lui et se mettant sur ses genoux.

MADAME BEAUCORNET.

Eh bien?

BEAUCORNET, se levant brusquement et jetant Cléopâtre de côté.

Machin l'emporte ! C'est à recommencer... (Il passe.**) un si
beau discours..... « C'est avec une gigantesque émotion que
je prends cet immortel fauteuil. »

MADAME BEAUCORNET.

Tu avais pourtant fait toutes tes visites.

BEAUCORNET.

Oui, deux cent trente et quelques..... dans une après-midi.
Si quelque chose peut me consoler de cet échec, c'est de
penser que je pourrai enfin me reposer un peu, depuis un
mois je ne vis plus. Et ce bal, ce maudit bal! c'est bien la
peine de le donner.

* Cléopâtre, Beaucornet, madame Beaucornet.
** Cléopâtre, madame Beaucornet, Beaucornet.

MADAME BEAUCORNET.

Il nous servira toujours, Cléopâtre ne doit pas coiffer sainte Catherine.

CLÉOPATRE.

Oh! non, par exemple!

MADAME BEAUCORNET.

Nous devons produire cette chère enfant, et notre bal....

BEAUCORNET, l'interrompant.

Eh! mon Dieu, produis-la, reproduis-la, marie-la, ce soir même... si tu veux !

CLÉOPATRE, sautant.

Oh ! oui, oui, ce soir !

MADAME BEAUCORNET, sévèrement.

Cléopâtre, c'est indécent !

CLÉOPATRE.

Ah !

BEAUCORNET.

Certainement, cette chère enfant, un jour ou l'autre, il faudra bien nous en débarrasser; mais, auparavant, j'aurais désiré que mes affaires...

MADAME BEAUCORNET.

Au fait, comment vont-elles ?

BEAUCORNET.

Eh ! le sais-je ! depuis un mois que je ne les suis plus... ainsi... j'ai une somme considérable engagée dans l'opération Mitchels, les ballons captifs et... laisse-moi lire les journaux... j'apprendrai peut-être quelque chose.

Il s'assied à droite du guéridon. Cléopâtre et madame Beaucornet sur le canapé de gauche *.

BEAUCORNET, prenant un journal qu'il parcourt.

Voyons donc ! voyons donc. (Il lit.) « Monde politique. La guerre est imminente... »

MADAME BEAUCORNET et CLÉOPATRE.

Ah !

BEAUCORNET.

« A moins que la paix ne soit consolidée... »

____

* Cléopâtre, madame Beaucornet, Beaucornet.

MADAME BEAUCORNET et CLÉOPATRE, rassurées.

Ah !

BEAUCORNET.

« Monde parisien. Madame la princesse de X... a joué la co-
médie ; que les dames du Théâtre-Français se tiennent bien...»
(Avec un cri.) Ah !

MADAME BEAUCORNET.

Qu'y a-t-il, mon ami ?

BEAUCORNET, se levant, lui montrant le passage et avec un visage
épanoui.

Ses jours sont condamnés, il va quitter la terre.

MADAME BEAUCORNET, se levant ainsi que Cléopâtre.

Qui donc ?

BEAUCORNET.

Cadart l'académicien ! Mon chapeau.

MADAME BEAUCORNET.

Vous sortez ?

BEAUCORNET.

A l'instant. (Se coiffant avec crânerie.) Je recommence mes visites.

MADAME BEAUCORNET.

A cette heure ?

Elle passe[*].

BEAUCORNET, avec noblesse.

Il n'y a pas d'heure pour les immortels!... (Déclamant.) « Messieurs, c'est avec une gigantesque émotion... »

Il sort. Elle le suit, Cléopâtre traverse.

MADAME BEAUCORNET [**].

Nous ne dînerons pas aujourd'hui.

CLÉOPATRE.

C'est déplorable.

JOSEPH, annonçant.

Madame est servie.

JUSTINE, rentrant.

Madame, on est venu de chez Gagelin.

* Cléopâtre, Beaucornet, madame Beaucornet.
** Madame Beaucornet, Cléopâtre.

MADAME BEAUCORNET.

Enfin !

Elle sort à gauche.

CLÉOPATRE.

Mais je tombe d'inanition, moi !

JUSTINE , bas, à Cléopâtre.

Le coiffeur est là.

CLÉOPATRE.

Vraiment... j'y vole !

Elle sort en courant à droite

JOSEPH, offrant son bras à Justine.

Alors ! mademoiselle Justine est servie...

JUSTINE , riant.

Allons dîner.

Ils remontent. Le Chevalier entre du fond.

SCÈNE VII

LES MÊMES, LE CHEVALIER. Il porte un habit bleu à bou-
tons d'or.

LE CHEVALIER*, entrant rapidement.

Annoncez le chevalier de Pont-Cassé, je suis en retard
peut-être... Est-ce que le bal est fini ?

JOSEPH.

Fini ! il n'est pas commencé, monsieur.

LE CHEVALIER.

C'est extraordinaire... Il m'a semblé que nous étions restés
six heures à table. — (Aux domestiques.) C'est bon, je vais attendre cinq minutes... Eh bien, vous êtes encore là ? (On sonne
à droite et à gauche.) Tenez, on vous sonne. (Criant.) Allez ! mais
allez donc !

JOSEPH.

On s'en va, monsieur, on s'en va !

Il sort à gauche et Justine à droite.

* Joseph, le Chevalier, Justine.

LE CHEVALIER.

Qu'a-t-il donc à rire, ce faquin ? (Remontant.) Dis donc, be-
lître !

SCÈNE VIII

LE CHEVALIER, ADHÉMAR.

ADHÉMAR.

Ah ! enfin, mon oncle, je vous retrouve. — Qu'est-ce que
vous faites ici ?

LE CHEVALIER.

Je viens au bal.....

ADHÉMAR.

Au bal, il faut toujours venir le dernier.

LE CHEVALIER.

Ah !

ADHÉMAR.

Et que vois-je ? un habit barbeau.

LE CHEVALIER.

Tout neuf.

ADHÉMAR.

Il faut aller ôter ça tout de suite, ça n'est plus de mode.....

LE CHEVALIER.

Il me semble cependant que pour une petite fête intime...

ADHÉMAR.

Mais non, mais non, et d'ailleurs j'ai besoin de vous pour
une demande grave qu'on ne peut faire qu'en habit noir.

LE CHEVALIER.

Laquelle ?

ADHÉMAR.

Mon oncle, je veux me marier.

LE CHEVALIER.

Avec Mustenflûte ?

ADHÉMAR.

Mustenflûte... oh ! c'est fini, elle me trompait.

LE CHEVALIER.

Déjà? Elle est dans le mouvement.

ADHÉMAR.

C'est toute une histoire.

LE CHEVALIER.

Commence par la fin..... moi aussi. je suis dans le mouvement!

ADHÉMAR.

J'abrégerai. J'arrive chez Mustenflûte..... une demi-heure
après..... elle m'avoue que ses chevaux manquent de pain et
qu'il faut dix mille francs pour le marchand de fourrage.....

LE CHEVALIER.

C'était raide!

ADHÉMAR.

Je cours chez notre banquier, j'y prends la somme et me
voilà chez Mustenflûte. Sa femme de chambre vient m'ouvrir.
Remets ceci à ta maîtresse, lui dis-je! et supplie-la de me
recevoir, et je lui donne les billets de banque... la soubrette
disparaît et revient aussitôt. « Madame, me dit-elle, remercie
bien M. le comte, mais elle n'est pas visible... elle a du monde,
le notaire de sa famille. » Vous comprenez? on a beau être de
Carpentras, on sait ce que ça veut dire.

LE CHEVALIER remonte et va s'asseoir à gauche*.

Ah! que tu es long, mon ami.

ADHÉMAR , en passant à droite.

« Soyons gentilhomme! » me dis-je, et immédiatement, je me
fais conduire chez un bijoutier de la Chaussée-d'Antin, Perrée,
je crois, pour acheter à Mustenflûte, le bracelet de rupture...
J'entre et je la vois.....

LE CHEVALIER.

Mustenflûte?

ADHÉMAR.

Héloïse de Vermisel... quels yeux, quels cheveux, quelles
dents... et un pied... on en mettrait quatre comme celui-là
dans une de vos bottes.

____

* Le Chevalier, Adhémar.

LE CHEVALIER.

Merci, mon ami, merci bien !

ADHÉMAR.

Le hasard nous fait marchander le même bracelet... Je le lui cède, j'en choisis un autre... nous causons..... elle est veuve... elle est libre, elle est belle... elle ne sortira pas ce soir... elle vous attend, allez mettre un habit noir, et allez lui demander sa main.

LE CHEVALIER.

Mais as-tu bien réfléchi?

ADHÉMAR.

Réfléchi, je crois bien, car si elle refuse, je me suicide dans dix jours.....

LE CHEVALIER, se levant

Pourquoi dix jours?

ADHÉMAR.

Parce qu'il me faut ce temps-là pour être ruiné.

LE CHEVALIER.

Ruiné!

ADHÉMAR.

Mais oui, tenez, comptons. J'ai trois millions, n'est-ce pas? Eh bien depuis douze heures, j'ai déjà dépensé cent soixante-dix mille francs, ça fait trois cent quarante mille francs par jour. Or, si je ne me marie pas dans dix jours, tout sera croqué, et j'aurai même quatre cent mille francs de dettes. Vous voyez donc bien qu'il faut que vous alliez mettre un habit noir, mon oncle, revenez ensuite, je vous donnerai les dernières instructions pour que la belle Héloïse de Vermisel ne nous résiste pas. Allez, allez...

LE CHEVALIER.

J'y cours.

Il sort.

SCÈNE IX

ADHÉMAR, CLÉOPATRE, entrant de gauche.

CLÉOPATRE. Elle a une toilette des plus excentriques et les cheveux tombant à la dernière mode, à part.

La !... je crois que je suis un peu réussie.

ACTE DEUXIÈME

ADHÉMAR, avec admiration.

Ah!

CLÉOPATRE, apercevant Adhémar qui redescend.

Quelqu'un!

ADHÉMAR, avec un cri.

Ah! la jolie personne!

CLÉOPATRE.

Plaît-il, monsieur?

ADHÉMAR.

Mon Dieu! mademoiselle, je n'ai pas été maitre d'un mouvement d'admiration à la vue de tant de charmes. Je vous
demande pardon.

CLÉOPATRE.

Ah! vous ne m'avez pas fâchée, monsieur... Vous venez
pour le bal?

ADHÉMAR.

Oui, mademoiselle.

CLEOPATRE.

Vous êtes sans doute un ami de papa et de maman, (sur un
geste d'Adhémar.) monsieur et madame Beaucornet.

ADHÉMAR.

Ah! vous êtes?

CLÉOPATRE.

Leur fille, oui, monsieur... Je me nomme Cléopâtre, et
vous?

ADHÉMAR, souriant.

Je m'appelle Adhémar, comte de Verasoy.

CLÉOPATRE.

Vous êtes comte, monsieur, ah! vous êtes bien heureux,
papa n'est rien...

ADHÉMAR, souriant.

Pas même académicien!

CLÉOPATRE, soupirant.

Nous ne sommes pas de noblesse.

ADHÉMAR.

Ça viendra peut-être.

3.

CLÉOPATRE.

Au couvent, j'avais plusieurs amies qui étaient titrées, et figurez-vous que, sous prétexte qu'elles avaient des armoiries jusque sur leurs cahiers, elle me regardaient comme ça par-dessus l'épaule. (En confidence.) Alors, moi, je les battais, tiens.

ADHÉMAR.

Ma foi, vous aviez joliment raison, tiens!... (A part.) Elle est d'une ingénuité.

Il la contemple.

CLÉOPATRE, secouant ses cheveux.

Vous regardez ma coiffure? n'est-ce pas que ça me va bien, cette nappe?

Elle marche vers la gauche.

ADHÉMAR*, passant.

Ah! Dieu! ça donne envie de souper.

CLÉOPATRE.

Plaît-il?...

ADHÉMAR.

Je dis que vous me rappelez les forêts vierges et la chute du Niagara... les forêts vierges, surtout!

CLÉOPATRE.

Vraiment?... croyez, monsieur, que je suis bien flattée; c'est que c'est bien à moi, ces cheveux-là. (Se tournant et lui tendant son chignon.) Tenez, tirez plutôt.

ADHÉMAR.

Dieu m'en garde! (A part.) C'est un vrai trésor d'innocence!

CLÉOPATRE.

Ma robe est bien aussi, n'est-ce pas? seulement, les épaulettes tombent un peu bas... il faudrait faire une petite pince avec une épingle, je vais appeler Justine...

ADHÉMAR, vivement.

A quoi bon?... ne suis-je pas là? une petite pince, n'est-ce pas?

CLÉOPATRE.

Oui, mais est-ce que vous saurez?

* Cléopâtre, Adhémar.

ADHÉMAR*, passant derrière le guéridon.

Certainement, j'ai été habilleuse au théâtre de Carpentras.

CLÉOPATRE, assise à gauche du guéridon, lui donnant une épingle.

Oh! alors!... eh·bien, tenez... (Le guidant.) comme ça... là... ah! mais, si vous me piquez, je le dis à maman.

ADHÉMAR, mettant l'épingle.

Ne craignez rien! (A part.) Quelles épaules... la voie lactée, mais c'est qu'elle est bien plus jolie que la veuve Vermisel!... c'est-à-dire que c'est un amour... un chérubin.

CLÉOPATRE, impatientée.

Mais dépêchez-vous donc!

ADHÉMAR.

J'ai fini.

CLÉOPATRE, avec un cri.

Ah! voilà ce que je craignais...

ADHÉMAR, lui embrassant vivement l'épaule.

C'est guéri.

CLÉOPATRE, étonnée.

Eh bien?

Madame Beaucornet paraît au fond donnant des ordres à Joseph qui allume le lustre du second salon.

ADHÉMAR, à part.

Mais je l'aime! mais j'en suis fou! (Avec mépris.) Et mon oncle qui va demander l'autre en mariage! faut-il qu'un homme soit bête!...

CLÉOPATRE.

Ah! voilà maman.

SCÈNE X

LES MÊMES, MADAME BEAUCORNET.

MADAME BEAUCORNET, dans une toilette insensée, à la cantonade **.

Allons, dépêchez-vous! j'ai vu déjà plus de dix voitures entrer dans la cour et... (Apercevant Cléopâtre qui s'est campée fièrement devant elle.) Que vois-je?... ma fille en Canadienne!

---

* Adhémar, Cléopâtre.
** Adhémar, madame Beaucornet, Cléopâtre.

CLÉOPATRE.

Ah !...

MADAME BEAUCORNET.

Quelle horreur !...

CLÉOPATRE.

Quelle horreur?... Mais monsieur me trouve très-bien comme ça. (A Adhémar.) N'est-ce pas, monsieur?

ADHÉMAR.

Vous êtes ravissante, mademoiselle.

CLÉOPATRE, à sa mère.

La, tu vois bien !

ADHÉMAR.

Vous êtes bien véritablement la fille de madame votre mère.

MADAME BEAUCORNET, enchantée.

Ah! monsieur!... monsieur?...

ADHÉMAR.

Adhémar de Verasoy, madame.

MADAME BEAUCORNET.

Monsieur le comte de Verasoy! ah! monsieur le comte monsieur Polycarpe de Follebraise nous a beaucoup parlé de vous, et veuillez croire que je suis très-honorée !...

ADHÉMAR.

Moi, madame, je suis bien heureux, je vous le jure, je n'oublierai jamais les quelques instants que je viens de passer auprès de votre adorable demoiselle. -- Une voix intérieure me dit que si le ciel l'a placée sur ma route (Avec amour.) ça ne doit pas être pour des prunes.

MADAME BEAUCORNET, riant.

Monsieur, en vérité, vous avez trop d'indulgence pour elle, car c'est une petite folle, seulement, ah! elle a un cœur excellent... beaucoup d'ordre... un peu d'arithmétique et une simplicité... l'enfant qui vient de naître. (A part.) Quels regards il lui jette! Est-ce que notre Cléopâtre aurait déjà trouvé un mari? (Avec joie.) Comtesse! et monsieur Beaucornet qui ne

voulait pas donner ce bal. (Haut à Adhémar.) Mais excusez-nous,
monsieur, viens. Cléopâtre.

Elle remonte.

ADHÉMAR, bas à Cléopâtre.

A bientôt, chère petite âme!

CLÉOPATRE, à part.

Tiens! le mot de monsieur Gamilowith.

MADAME BEAUCORNET.

Allons, viens-tu?

CLÉOPATRE.

Oui, maman...

MADAME BEAUCORNET, à part, sortant au fond à droite.

Pour des prunes!

Cléopâtre la suit. Les trois portes du fond restent ouvertes.

ADHÉMAR, parcourant la scène.

Oui, mais elle est ravissante, idéale. Elle sera ma femme;
il faut que mon tuteur fasse la demande ce soir même.

SCÈNE XI

ADHÉMAR, POLYCARPE, puis ARTHUR.

POLYCARPE, entrant tout joyeux*.

Bonne nouvelle, mon cher Adhémar! (Adhémar l'écoute.) Bonne
nouvelle... pour moi. (Adhémar s'éloigne.) Je viens du Betting...
Soliman est à égalité, je gagne à l'heure qu'il est trois cent
mille francs, rien que sur mon livre de paris...

ARTHUR, s'asseyant au guéridon à gauche**.

Quelle drôle d'époque! Ah! messieurs, en voilà une bonne
cascade. La Mustenflûte qui est vicomtesse!...

POLYCARPE, s'asseyant à droite du guéridon.

Mustenflûte!

* Adhémar, Polycarpe.
** Adhémar Arthur, Polycarpe.

ARTHUR, *assis sur le canapé à gauche*

Eh bien, oui, Mustenflûte, notre ancienne cliente.

ADHÉMAR.

Et elle est vicomtesse pour de vrai?... depuis quand?

ARTHUR, *tirant sa montre.*

Attendez! voyons, elle m'a quitté à sept heures dix, elle devait être au chemin de fer à sept heures vingt, quarante minutes pour aller, vingt minutes pour lire l'acte et le signer. Il est neuf heures quarante-cinq (*Remettant sa montre*). Il y a juste une heure vingt-cinq qu'elle est titrée...

ADHÉMAR.

Qu'est-ce que tu nous chantes?

ARTHUR.

Ah! c'est juste, vous ne savez pas? Il faut vous dire que Mustenflûte avait voulu me la faire au fourrage.

ADHÉMAR, *riant.*

Tiens! comme à moi.

ARTHUR.

Quelle drôle d'époque! Dix mille francs.

ADHÉMAR.

C'est son chiffre!

ARTHUR.

Je me récuse et lui offre en dédommagement un dîner à la Maison d'Or. Elle accepte, mais comme Verdier était en train de dresser notre menu, la porte s'ouvre et un homme noir apparaît. C'était un notaire, il venait chercher Mustenflûte de la part d'un monsieur qui était en train de trépasser d'une ndigestion de timballe au macaroni, et qui tenait, à ce qu'il paraît, à réparer les torts qu'elle avait eus envers lui, en l'épousant *in extremis*, et ce monsieur, c'était un des nôtres, c'était le vicomte de Valdinde.

POLYCARPE.

Bah!

ARTHUR, *avec amertume.*

Oui, messieurs! Cocotte à sept heures vingt, vicomtesse à neuf heures quarante-cinq... quelle drôle d'époque!

POLYCARPE, avec sentiment.

Ah! quel coup de foudre; ce pauvre Valdinde, si bon, si distingué, si serviable, si...

ARTHUR.

Oui, ah! cette mort va laisser un grand vide dans le monde sportique.

POLYCARPE.

Bichistique et gastronomique.

ADHÉMAR.

Que faisait-il, ce Valdinde?

POLYCARPE, des larmes dans la voix.

Il était le parrain de mademoiselle Beaucornet.

ADHÉMAR.

Et après?

ARTHUR.

Il ne faisait plus rien, il se laissait vivre, voilà tout...

POLYCARPE, changeant de ton.

C'était déjà bien gentil de sa part, puisque personne ne lui en savait gré.

On rit.

ADHÉMAR.

Enfin, voyons, à quoi était-il bon?

ARTHUR.

Mais à rien...

POLYCARPE.

Au contraire.

ADHÉMAR.

Alors il a bien fait de s'en aller.

POLYCARPE.

C'est-à-dire qu'il y a longtemps qu'il devrait être parti.

ARTHUR.

Il aura manqué le train. Ce qu'il y a de sûr, c'est que ce n'est pas une grosse perte que le monde fait là, car c'était un fier imbécile.

POLYCARPE.

C'était une huttre.

ARTHUR.

La, son oraison est finie... Si nous parlions d'autre chose ?
En voilà assez de Valdinde.

Il se lève.

POLYCARPE, se levant ainsi qu'Adhémar:

Oui, en voilà même trop...

ARTHUR, riant.

Quelle drôle d'époque !...

POLYCARPE.

Faisons-nous un écarté ?

ARTHUR.

Soit. un écarté !

Ils vont se mettre à la table de jeu au fond à gauche.

SCÈNE XII

ADHÉMAR, ARTHUR, POLYCARPE, LE CHEVA-
LIER, et ensuite BEAUCORNET et MITCHELS.

BEAUCORNET, entrant et se parlant à lui-même.

L'heureuse nouvelle était prématurée !... Néanmoins on
désespère des jours de cet excellent Cadart... Bouchonnot,
un de ses amis intimes, ne quitte pas son chevet... Il doit
me tenir au courant.

LE CHEVALIER*, entrant, à Adhémar.

Me voilà ! Je suis prêt.

ADHÉMAR, vivement, au Chevalier.

Enfin !... mon oncle, je l'adore...

LE CHEVALIER.

Héloïse de Vermisel, c'est convenu.

ADHÉMAR.

Non, ce n'est plus elle.

LE CHEVALIER.

Ah ! elle te trompait aussi.

* Adhémar, le Chevalier, Mitchels, Beaucornet — (Arthur et Polycarpe
à la table de jeu.)

ADHÉMAR.

Non ! mais j'en aime une autre.

LE CHEVALIER.

Une autre? Très-bien, il est dans le mouvement.

ADHÉMAR.

C'est mademoiselle Beaucornet!... Cléopâtre, et il faut que vous fassiez la demande ce soir même. Tenez, justement voilà le père.

MITCHELS*, entrant et allant à Beaucornet.

Ah !... je vous cherchais... succès sur toute la ligne !

LE CHEVALIER, à Mitchels.

La ligne des ballons-omnibus.

BEAUCORNET.

Les ballons captifs.

MITCHELS.

Oui, nous avons la concession. La compagnie est constituée... Depuis ce matin les actions font déjà prime... nous allons gagner des millions...

LE CHEVALIER, ARTHUR, POLYCARPE.

Fichtre !

LE CHEVALIER.

Des millions ! ventre-saint-bleu !

POLYCARPE, à part, se levant.

La petite est un crâne parti !

ARTHUR, à part, même jeu.

Si je songeais à faire une fin.

BEAUCORNET.

Des millions... nous allons gagner des... Ah! mon ami, je ne me sens pas bien... (Il tombe sur une chaise à droite.) Je c ois même que je vais me trouver mal.

MITCHELS, lui tapant dans la main.

Allons ! allons !

ADHÉMAR, bas au Chevalier.

Faites la demande, je cours rejoindre Cléopâtre.

Il sort.

MITCHELS, sur qui s'appuyait Beaucornet.

Ah ! j'aperçois un de mes actionnaires.

Il lâche Beaucornet qui retombe.

LE CHEVALIER *, l'arrêtant au passage.

Pardon, cher banquier, notre intéressante jeune mère?...

MITCHELS.

Ma femme?... Elle est dans le bal!

LE CHEVALIER.

Et l'enfant?

MITCHELS.

Il est en Normandie.

LE CHEVALIER.

Depuis quand est-elle mère?...

MITCHELS.

Depuis cinq jours.

Il sort vivement.

LE CHEVALIER.

Bravo! elle est aussi dans le mouvement.

SCÈNE XIII

LES MÊMES, moins MITCHELS. L'écarté continue.

LE CHEVALIER *, avec admiration.

Parlez moi de ça!... au moins ces gens-là ne s'amusent pas à la moutarde, faisons comme eux. Vite la demande en deux temps... (Il va pour parler à Beaucornet, mais Polycarpe qui a quitté la table de jeu est déjà près de celui-ci.) Allons, bon!

Il s'éloigne un peu.

BEAUCORNET, qui faisait des chiffres à part.

Cinq cents francs de prime; mais, à ce compte-là, je dois gagner plus de douze cent cinquante mille francs ..

POLYCARPE **, à demi-voix, à Beaucornet, d'un ton ému.

Monsieur, j'ai trente ans et le plus beau cheval du continent... j'adore mademoiselle Cléopâtre, votre fille, et j'ai l'honneur de vous demander sa main, daignez-vous me l'accorder?

* Le Chevalier, Mitchels, Beaucornet.
** Polycarpe, Beaucornet.

BEAUCORNET, toujours dans ses calculs.

Mais oui, mais oui!

POLYCARPE.

Ah! monsieur, je suis bien heureux.

BEAUCORNET, lui serrant la main avec distraction.

Ce cher ami !

POLYCARPE, à part.

L'affaire est entendue...

Il retourne à la table de jeu. Arthur s'est approché à son tour de Beaucornet.

LE CHEVALIER, qui s'en est également approché, à part.

A l'autre maintenant!

BEAUCORNET, toujours plongé dans ses calculs.

Les actions seront à trois mille francs... je réaliserai...

Il additionne *.

ARTHUR, avec sentiment.

Monsieur, mon père est banquier et il n'a pas encore été
en Belgique, je suis son unique enfant, j'adore mademoiselle
Cléopâtre votre fille...

BEAUCORNET, même jeu.

Je réaliserai quatorze cent soixante-huit mille francs...

ARTHUR, continuant.

Et mon plus cher désir serait de devenir votre gendre.

BEAUCORNET, avec joie.

Ah! mais mon ambition n'aurait jamais été jusque-là.

ARTHUR.

Ah! monsieur.

Il se jette dans ses bras.

BEAUCORNET, attendri.

Mon jeune ami, croyez que je suis touché jusqu'au fond du
cœur.

ARTHUR, avec des larmes.

C'est moi, monsieur, c'est moi. (A part.) L'affaire est faite !

Il remonte.

BEAUCORNET, à part, passant à droite.

O fortune, comme tu nous fais vite des amis !

Il reprend son carnet.

* Beaucornet. Arthur. (Les autres personnages au fond à gauche.)

LE CHEVALIER, à part *.

Enfin, la place est libre.

BEAUCORNET, reprenant ses calculs.

Quatorze cent soixante-huit mille francs... mais voyons donc, il me semble que ça doit faire plus que ça.

LE CHEVALIER.

Monsieur, je suis le chevalier de Pont-Cassé, les charmes de mademoiselle votre fille ont bouleversé le cœur de monsieur Adhémar de Verasoy, mon neveu; le susdit descend d'une des familles les plus nobles de France et possède trois millions de fortune : si vous le permettez, je vais réveiller un notaire, on dressera le contrat, on le signera, on le parafera, au petit jour tout sera bâclé; ça vous va-t-il?

BEAUCORNET, à part

Allons, bon! voilà que je trouve soixante mille francs de moins à présent.

LE CHEVALIER.

Puis-je annoncer à mon neveu qu'il est agréé ?

BEAUCORNET.

Hein ! votre neveu, agréé dans le conseil ?

LE CHEVALIER.

Le conseil ! ah ! votre conseil de famille ?

BEAUCORNET, criant.

Quel conseil de famille ?

LE CHEVALIER, criant aussi.

Ce n'est pas tout ça. Est-il agréé par vous, oui, ou non ?

BEAUCORNET, ahuri.

Mais, monsieur! (A part.) Impossible de faire un calcul avec ce gêneur-là.

JOSEPH, entrant de droite.

M. Bouchonnot désire parler à Monsieur...

BEAUCORNET.

L'ami de ce bon Cadart, il m'apporte sans doute d'excellentes mauvaises nouvelles.

LE CHEVALIER.

Oui ou non?

* Le Chevalier, Beaucornet.

BEAUCORNET.

Eh bien, oui. (Apart.) C'est le seul moyen de s'en débarrasser. « Messieurs, c'est avec une gigantesque émotion. »

Il sort à droite

LE CHEVALIER.

Enlevé ! voilà comment il faut mener les affaires, ventresaint-bleu ! ventre à terre !

SCÈNE XIV

LES MÊMES, CLÉOPATRE, puis DES INVITÉS.

On entend la musique du bal, les invités polkent au fond
dans le second salon.

CLÉOPATRE, entrant.

Voilà la polka, et je ne trouve pas mon danseur.

LE CHEVALIER, l'apercevant.

Ah ! l'ange en question ! le fait est qu'elle est charmante. (S'avançant.) Mademoiselle.

CLÉOPATRE.

Monsieur.

LE CHEVALIER.

Voulez-vous me permettre de vous embrasser ?

CLÉOPATRE.

M'embrasser... Est-ce que vous donnez des leçons de piano ?

LE CHEVALIER.

Mais non.

Il insiste.

CLÉOPATRE.

Alors, monsieur, vous pouvez vous fouiller. (A part.) La, je l'ai placé.

Elle prend le bras d'un jeune homme qui accourt, laissant le chevalier
ahuri.

JUSTINE, à madame Beaucornet qui passe venant de gauche.

Madame, voici les tapissiers.

MADAME BEAUCORNET.

Enfin ! (Elle suit Justine.) Suivez-moi.

Elles sortent par le fond.

LE CHEVALIER, regardant Cléopâtre.

Chère petite ! quand elle saura... mais ne perdons pas de temps, allons faire nos achats. Les magasins doivent être encore ouverts, et, s'ils sont fermés, ils rouvriront.

Il veut sortir, mais il en est empêché par les polkeurs, qui ont envahi le salon. Beaucornet est rentré en scène.

BEAUCORNET, avec désespoir.

Cadart va mieux !

Il tombe accablé dans un fauteuil, à droite. La polka redouble d'entrain. Le Chevalier fait une trouée et disparaît.

ACTE TROISIÈME

Une autre pièce de l'appartement de Beaucornet. Portes au fond,
portes latérales; le bal continue. Deux fauteuils premier plan à droite
et à gauche, des échelles double dans les pans coupés.

SCÈNE PREMIÈRE

MADAME BEAUCORNET, JUSTINE, JOSEPH, TA-
PISSIERS, puis BEAUCORNET et CLÉOPATRE.

Au lever du rideau, les tapissiers finissent de poser des tentures, des tor-
chères, etc. Deux des portes du fond sont fermées, celle du milieu est
ouverte et l'on aperçoit dans l'autre chambre des valets en habit noir
occupés à dresser un somptueux buffet. On entend toujours la musique
du bal.

PREMIER TAPISSIER, aux ouvriers, qui, au lever du rideau, posent
des galeries, appliques, etc., etc.

Allons, messieurs, dépêchons, dépêchons !...

MADAME BEAUCORNET, aux tapissiers, entrant et passant sous
l'échelle de gauche.

Ah ! vous voilà ! c'est bien heureux !.. s'il y a du bon sens !..
venir à une heure du matin.

PREMIER TAPISSIER*.

Ah ! que voulez-vous, madame ? Ce sont les derniers bals,
et ce soir, nous en avons neuf ! au Grand-Hôtel, rue de Mar-
beuf, de Trévise, Tirechappe, Beaurepaire, Navarin... aux
Provençaux... ici... et chez une petite dame. (A ses aides.)
Voyons, dépêchons !...

On agite la porte du fond à gauche.

* Madame Beaucornet, le tapissier.

MADAME BEAUCORNET.

Ah! mon Dieu! on va envahir ce salon! Fermez donc cette porte. (Aux tapissiers.) Faites donc monter tout votre monde!

PREMIER TAPISSIER, désignant ses deux hommes.

Tout mon monde! le voilà!

MADAME BEAUCORNET.

Mais ça n'en finira jamais. (Aux tapissiers.) Donnez-moi un marteau, des clous! (Appelant.) Joseph! appelez monsieur. (A Justine.) Et vous, mademoiselle, allez donc chercher ma fille, qu'ils viennent sur-le-champ.

JUSTINE, allant à la porte, premier plan à gauche.

Les voici, madame.

Beaucornet et Cléopâtre entrent suivis de Joseph, premier plan à gauche.

MADAME BEAUCORNET*.

Venez nous aider. (Aux tapissiers) Un marteau, des clous! (Les donnant à Beaucornet.) Tenez!

BEAUCORNET.

Mais je ne suis pas tapissier.

MADAME BEAUCORNET.

Ça ne fait rien. (A Cléopâtre.) Toi, mon enfant, monte à l'échelle et cloue les portières.

CLÉOPATRE.

Oui, maman! (Elle monte à l'échelle, à Justine.) Tiens bien l'échelle.

BEAUCORNET.

Mais qu'est-ce qu'il faut que je fasse?

PREMIER TAPISSIER.

Grimpez là-dessus et fixez la galerie avec mon aide.

Il désigne un homme qui est déjà monté d'un côté de l'échelle, à droite, et qui pose une galerie.

BEAUCORNET, embarrassé de ses outils.

Mais, pour monter, où vais-je mettre ça?

MADAME BEAUCORNET, la bouche pleine de clous.

Mais dans votre bouche, monsieur, comme moi!

BEAUCORNET.

Parfait!

Il essaye de fourrer le marteau dans sa bouche.

---

* Madame Beaucornet, Beaucornet. (Les autres au fond à gauche.)

MADAME BEAUCORNET.

Mais pas le marteau, mons'eur Beaucornet, les clous!

BEAUCORNET.

Parfait ! (Il bourre sa bouche de clous et monte à l'échelle. A sa femme.)
Ne frappe donc pas si fort, ça me fait mal à la tête.

PREMIER TAPISSIER, aux ouvriers.

Dépêchons-nous ! dépêchons-nous !

BEAUCORNET, à sa femme, avec un soupir et baragouinant la
bouche peine.

Dis donc !.. Cadart va mieux.

Il cloue, madame Beaucornet cloue, entrée du Chevalier. Beaucornet laisse
tomber son marteau.

SCÈNE II

LES MÊMES, LE CHEVALIER.

LE CHEVALIER, portant une corbeille, un grand carton, un berceau,
des joujoux.

Ah ! me voici ! (Au public.) Ils ont rouvert (Après un temps.) les
magasins !.. (A Justine et à Joseph qui travaillent aussi.) Où est ma
nièce ?

CLÉOPATRE*, de son échelle.

Tiens ! le vieux qui voulait m'embrasser.

MADAME BEAUCORNET*, venant en scène.

Le Chevalier !.. mais nous ne sommes pas prêts !

LE CHEVALIER.

Ça ne fait rien !.. moi, je suis de la famille.

Il s'assied à gauche.

BEAUCORNET, du haut de l'échelle.

Comment ? de la famille ?

LE CHEVALIER.

Évidemment !.. puisque mon neveu épouse votre fille.

BEAUCORNET.

Hein ?

* Madame Beaucornet, le Chevalier. (Les autres conservent leur
position et travaillent.)

CLÉOPATRE, du haut de l'échelle.

Je vais me marier?

MADAME BEAUCORNET.

Clouez, mademoiselle, clouez. (Allant à l'échelle de son mari.) Comment, monsieur Beaucornet, vous mariez votre fille et vous ne m'en dites rien?

BEAUCORNET.

Je marie ma fille? moi?

LE CHEVALIER.

Mais oui, à mon neveu... le comte Adhémar de Verasoy.

BEAUCORNET.

En vérité!

LE CHEVALIER.

Adhémar, pour qui je vous ai demandé, il y a une heure, la main de mademoiselle Cléopâtre, que vous m'avez même accordée.

Il dépose ses colis à terre avec l'aide de Justine.

BEAUCORNET.

En êtes-vous bien sûr?

LE CHEVALIER.

Parbleu! et la preuve, la voilà! (Ouvrant le carton.) Toilette de mariée... voyez-vous, ma nièce... avec la couronne de fleurs d'oranger.

CLÉOPATRE*.

Oh! la belle robe!

MADAME BEAUCORNET, sévèrement.

Clouez, mademoiselle, clouez.

CLÉOPATRE, boudant.

Ah!

LE CHEVALIER.

Voilà pour le présent... et pour l'avenir : berceau, layette, biberon, jouets...

Il montre chacun des objets et finit par un gros bébé.

CLÉOPATRE.

Oh! la jolie poupée.

Elle descend de son échelle.

* Cléopâtre, Justine, le Chevalier, madame Beaucornet, Beaucornet.

LE CHEVALIER.

Emportez tout ça, ma nièce...

CLÉOPATRE, sautant.

Oui... oui... viens, Justine.

Elle sort avec Justine et Joseph qui emportent les objets.

PREMIER TAPISSIER.

Voilà qui est fini, madame... messieurs (A ses aides.) En route !

Ils sortent par la droite en emportant les échelles.

SCÈNE III

BEAUCORNET, MADAME BEAUCORNET, LE CHEVALIER*.

LE CHEVALIER, à Beaucornet.

Eh bien ! voyons... qu'avez-vous fait de votre côté ?

BEAUCORNET.

Moi ! mais rien du tout !

LE CHEVALIER.

Comment ! nous épousons votre fille depuis une heure et vous restez inactif !

BEAUCORNET.

Vous êtes bien sûr que je vous ai donné ma fille ?..

LE CHEVALIER.

Puisque je vous le dis.

MADAME BEAUCORNET.

Puisque monsieur vous le dit.

BEAUCORNET.

C'est extraordinaire !... je n'ai pas du tout souvenance.

LE CHEVALIER, lui donnant des imprimés.

Tenez, voilà les lettres de faire part.

BEAUCORNET.

Déjà ?

---

* Beaucornet, le Chevalier. madame Beaucornet.

LE CHEVALIER.

Et comme ma nièce aura peut-être un garçon j'ai écrit par prudence à une société tontinière pour l'exonération du service militaire. La lettre est partie.

BEAUCORNET, à part.

Je ne sais plus du tout où j'en suis!

LE CHEVALIER.

Nous allons signer le contrat tout à l'heure.

MADAME BEAUCORNET.

Mais un notaire?...

LE CHEVALIER.

Eh bien!... dans le bal... il n'y a pas de bal sans notaire... Il doit y en avoir un ici.

MADAME BEAUCORNET.

En effet... maître Duchemin.

LE CHEVALIER.

Vous voyez bien! je vais le chercher pour qu'il rédige l'acte promptement.

MADAME BEAUCORNET.

Inutile, il a toujours sur lui des contrats et des testaments en blanc.

LE CHEVALIER.

Ça va aller tout seul, alors.

BEAUCORNET à part.

C'est égal, il a beau dire... je ne me souviens pas du tout.

SCÈNE IV

LES MÊMES, POLYCARPE, ARTHUR.

POLYCARPE*, entrant du fond et allant à Beaucornet.

Pardon, beau-père...

BEAUCORNET, sautant.

Hein ?

---

* Beaucornet. Polycarpe, le Chevalier. madame Beaucornet.

POLYCARPE.

Vous ne savez pas où est ma future ?

BEAUCORNET.

Qui ça ?

POLYCARPE.

Mais, mademoiselle Cléopâtre.

LE CHEVALIER, qui est un peu remonté.

Qu'est-ce qu'il dit ?

BEAUCORNET.

Allons bon ! voilà autre chose !

MADAME BEAUCORNET.

Encore un gendre !

ARTHUR, entrant de gauche, à madame Beaucornet *.

Belle-maman, ma fiancée m'a promis une contredanse et...

MADAME BEAUCORNET.

Votre fiancée !... Qui ça ?

ARTHUR.

Mais votre fille !

MADAME BEAUCORNET.

Ah ! c'est trop fort !

BEAUCORNET, passant au milieu **.

Mais c'est une averse ! Je n'ai pourtant pas pu promettre Cléopâtre à tant de monde que ça ?

LE CHEVALIER.

Ces messieurs sont fous.

POLYCARPE, à Beaucornet.

Mais vous m'avez agréé pour gendre.

ARTHUR.

Vous m'avez accordé sa main, je ne connais que ça.

LE CHEVALIER.

C'est à mon neveu qu'on l'a accordée, ventre-saint-bleu !...

MADAME BEAUCORNET, avec complaisance.

Quelle noble émulation !

---

* Beaucornet, Polycarpe, le Chevalier, Arthur, madame Beaucornet.
** Polycarpe, le Chevalier, Beaucornet, Arthur, madame Beaucornet.

POLYCARPE, à Beaucornet.

Voyons... souvenez-vous... Je vous ai dit que.. mon cheval...

ARTHUR.

Je vous ai dit que papa...

LE CHEVALIER.

Je vous ai dit que mon neveu...

BEAUCORNET, ahuri.

Attendez... c'est encore un peu vague... mais je crois me souvenir... (Désignant Polycarpe.) Celui-là a un cheval qui n'a pas été en Belgique. (Montrant Arthur.) L'autre, un père qui concourt pour le prix de cent mille francs. (Au chevalier.) Et vous, un neveu... qui cultive les vers à soie, non, qui se nomme Verasoy... C'est bien ça, n'est-ce pas?

TOUS TROIS.

Parfaitement!

BEAUCORNET, après un instant de réflexion.

Eh bien!... Je n'y comprends rien du tout.

Il remonte au fond et gagne l'extrême droite.

MADAME BEAUCORNET, passant avec un pudique embarras *.

Pardon, monsieur!... votre neveu... chevalier... et vous, messieurs, vous tenez beaucoup, je le vois, à entrer dans notre famille par la porte fleurie de l'hymen.

TOUS TROIS.

Oui, belle maman!

MADAME BEAUCORNET, à part.

Ils sont charmants! (Reprenant.) Eh bien! il y a peut-être un moyen, mais il vous faudra un peu de patience!

LE CHEVALIER.

Parlez!

MADAME BEAUCORNET, les yeux baissés.

Mon Dieu! je ne sais comment vous dire... enfin, monsieur Beaucornet est jeune encore... et si un jour... nous avons... deux filles...

TOUS TROIS, avec stupéfaction.

Oh!

____

* Polycarpe, Arthur, madame Beaucornet, Beaucornet.

BEAUCORNET, à part.

Oh! je ne m'engage pas à ça, moi!

Il remonte et gagne le milieu de la scène deuxième plan*.

POLYCARPE, à Beaucornet.

Nous voulons mademoiselle Cléopâtre... décidez-vous donc!

BEAUCORNET.

Eh bien!.. Je me décide : Je la garde!

TOUS TROIS.

Jamais!..

MADAME BEAUCORNET.

Quel triomphe pour l'orgueil d'une mère!

BEAUCORNET.

J'en ai assez .. qu'ils s'arrangent! venez, madame Beaucornet.

Il se dirige vers la porte de droite au fond.

MADAME BEAUCORNET, saluant et suivant son mari.

Messieurs!.. Enfin, ce qu'il y a de sûr, c'est que nous ne
manquerons pas de gendres.

BEAUCORNET, à la porte.

Venez, madame Beaucornet.

Ils sortent.

ARTHUR, à part.

Quelle drôle d'époque!

SCÈNE V

POLYCARPE, LE CHEVALIER, ARTHUR.

LE CHEVALIER.

Allons, finissons-en!.. Vous allez vous désister tous les
deux.

ARTHUR, assis à droite.

Lâcher le sac!.. Jamais!

POLYCARPE, assis à gauche.

Jamais de la vie!

* Arthur, le Chevalier, Polycarpe, Beaucornet, madame Beaucornet.

LE CHEVALIER.

Et vous croyez que ça va se passer comme ça?... savez-vous que le chevalier de Pont-Cassé a eu, dans sa vie, dix rencontres!..

Il marche

POLYCARPE.

Moi, j'en ai eu vingt et une.

ARTHUR.

Et moi... pas du tout.

LE CHEVALIER, à Polycarpe.

Une dernière fois, renoncez-vous à la main de mademoi-selle Cléopâtre?

POLYCARPE.

Non! cent fois non!

ARTHUR.

Mille fois non.

LE CHEVALIER, furieux.

Eh bien !.. vous êtes deux petits crevés!

POLYCARPE, bondissant.

Oh! une telle insulte! votre jour?

LE CHEVALIER.

Quand vous voudrez.

POLYCARPE.

Votre heure?

LE CHEVALIER.

La première venue.

POLYCARPE.

Votre arme!

LE CHEVALIER.

L'une ou l'autre.

POLYCARPE.

Je choisis la dernière.

LE CHEVALIER.

C'est dit.

ARTHUR, à part.

S'il pouvait faire coup fourré!

LE CHEVALIER, remontant.

Vite des témoins.

SCÈNE VI

Les Mêmes, ADHÉMAR*.

ADHÉMAR, entrant du fond.

Pour mon mariage?

LE CHEVALIER.

Non... pour un duel!

ADHÉMAR.

Ah bah!

LE CHEVALIER.

Nous nous coupons la gorge avec monsieur.

ADHÉMAR.

Pourquoi ça?

LE CHEVALIER.

Tu le sauras plus tard, va d'abord chercher les armes homicides.

ADHÉMAR.

Cependant...

LE CHEVALIER.

Mais va donc. . nous n'avons que juste le temps... Je tue monsieur, je reviens... et nous signons le contrat.

ADHÉMAR.

Mais où trouver des épées, à cette heure?

ARTHUR, indiquant la porte, premier plan à droite.

Par là, dans le cabinet du beau-père... il en a, pour faire croire qu'il a été journaliste.

Il sort suivi d'Adhémar.

ADHÉMAR.

J'y cours!

SCÈNE VII

POLYCARPE, LE CHEVALIER, puis ARTHUR.

LE CHEVALIER, redescendant, à Polycarpe.

Vous savez que ce sera un duel à mort!

____

* Polycarpe le Chevalier, Adhémar, Arthur.

POLYCARPE.

J'y compte bien.

LE CHEVALIER.

Oui, nous resterons tous les deux sur le carreau.

POLYCARPE.

Je ne me suis jamais battu autrement.

LE CHEVALIER..

Ni moi non plus.

POLYCARPE.

Oser m'appeler petit crevé! (Marchant sur le Chevalier.) Vieux pot cassé !

LE CHEVALIER.

Par le sabre de mon père !...

Il s'élance sur Polycarpe. Arthur rentrant se précipite entre eux et reçoit la giffle que le Chevalier destinait à Polycarpe.

ARTHUR, poussant un cri.

Ah !

SCÈNE VIII

LES MÊMES, BEAUCORNET *.

Polycarpe fait faire un tour à Arthur. Le Chevalier les poursuit. Beaucor
net paraît.

BEAUCORNET.

Pourquoi ce bruit ?

ARTHUR.

Beau-père, séparons-les... ces messieurs veulent se couper la gorge.

BEAUCORNET.

Chez moi !

TOUS TROIS.

Oui, beau-père !

Polycarpe, Arthur, Beaucornet, le Chevalier.

BEAUCORNET.

Messieurs!.. messieurs!..

Il entraîne le Chevalier vers la droite, Arthur entraîne Polycarpe vers la gauche, au deuxième plan.

ARTHUR.

Du calme!..

BEAUCORNET.

Je vous en prie, pas d'esclandre!

Il pousse le Chevalier dehors, tandis qu'Arthur fait sortir Polycarpe par la gauche.

LE CHEVALIER, à Polycarpe.

Escogriffe!

POLYCARPE, au Chevalier.

Vieux gâteux!

TOUS DEUX ENSEMBLE.

Ah! j'aurai son sang!

Ils sortent poussés par Arthur et Beaucornet. Adhémar rentre en scène.

SCÈNE IX

ARTHUR, BEAUCORNET, ADHÉMAR; puis POLY-
CARPE et LE CHEVALIER.

ADHÉMAR*, portant des épées.

Voilà les épées.

BEAUCORNET.

Monsieur... un duel chez moi!... dans mes salons?

ADHÉMAR.

Mais non, dans la rue... sous un réverbère...

BEAUCORNET.

C'est différent!.. (Par réflexion.) Mais j'y songe... si on arran-
geait l'affaire.

ADHÉMAR.

C'est une idée!

* Arthur, Adhémar, Beaucornet

ARTHUR.

Impossible !.. il y a eu un soufflet de donné.

BEAUCORNET.

Un soufflet ?

ARTHUR.

C'est même moi qui l'ai reçu.

BEAUCORNET.

Eh bien ! alors... l'honneur est satisfait...

ADHÉMAR.

Ah çà ! mais où sont-ils donc ?

ARTHUR.

Nous les avons poussés dans le bal... chacun par un côté opposé.

Ils remontent.

ADHÉMAR, avec terreur*.

Mais ils s'y chercheront !

ARTHUR.

C'est juste !

ADHÉMAR.

Ils s'y rencontreront !

BEAUCORNET.

Courons, courons, messieurs ! pourvu que nous arrivions à temps !

Ils se précipitent, et ouvrent la porte du fond. Le Chevalier et Polycarpe paraissent dans les bras l'un de l'autre.

BEAUCORNET.

Ah ! bah !

ADHÉMAR.

Que vois-je ?

ARTHUR.

Ils s'embrassent !

LE CHEVALIER, descendant la scène étreignant toujours Polycarpe.

Oui, je l'embrasse !.. Oui, il m'embrasse, oui, nous nous embrassons !..

ARTHUR, à part.

Quelle drôle d'époque !

* Arthur, Polycarpe, le Chevalier, Adhémar, Beaucornet.

LE CHEVALIER, à Adhémar.

Tout est arrangé, tu as le n° 3.

ADHÉMAR.

Comment, le n° 3 ?

LE CHEVALIER, désignant Arthur.

A moins que ce ne soit monsieur. (Reprenant.) Quelques mots d'explication nous ont suffit. Je croyais avoir fait la demande le premier. (A Arthur.) A quelle heure avez-vous parlé à monsieur Beaucornet, jeune homme ?

ARTHUR.

A minuit moins cinq...

LE CHEVALIER.

Alors, vous avez le n° 2.

ADHÉMAR.

Mais, mon oncle...

LE CHEVALIER, sans l'écouter.

Récapitulons, messieurs... Polycarpe de Follebraise... onze heures...

POLYCARPE.

Quarante.

LE CHEVALIER.

N° 1. Arthur de Coffre-Fort, minuit...

ARTHUR.

Moins cinq.

LE CHEVALIER.

N° 2. Et le comte Adhémar de Verasoy, minuit... n° 3.

ADHÉMAR.

Le n° 3. Pour quoi faire ?

LE CHEVALIER.

Tu attendras ton tour. Quand la fille de monsieur...

BEAUCORNET.

Ma fille !

LE CHEVALIER.

Oui, quand votre fille deviendra veuve de Polycarpe, elle épousera Arthur, et lorsque lui-même sera mort... mon neveu lui succèdera... c'est convenu.

ADHÉMAR.

Mais, mon oncle...

LE CHEVALIER.

Puisque c'est convenu.

BEAUCORNET, s'avançant.

Permettez... permettez!..

LE CHEVALIER.

Allez-vous à votre tour m'échauffer les oreilles?

BEAUCORNET.

Dieu m'en garde!

Il remonte et sort à droite.

LE CHEVALIER*.

A la bonne heure! Et maintenant, messieurs, du calme...
que nul ne puisse pénétrer le secret de nos luttes san-
glantes... et allons souper!..

Arthur et Polycarpe, sortent et se mêlent aux invités.

SCÈNE X

LES MÊMES, INVITÉS, SOUPEURS**.

Les portes du fond sont ouvertes. Celle du milieu a démasqué le buffet.
On se précipite. Au moment où le Chevalier veut suivre les autres,
Adhémar l'arrête.

LE CHEVALIER.

Ne m'arrête pas!

ADHÉMAR.

Un instant, que diable!... Alors, je n'épouse plus?

LE CHEVALIER.

Pour le moment... mais l'avenir te reste... tu n'att n lras
pas longtemps... tes rivaux sont dans le mouvement... Polycarpe est homme à se faire rompre les os à la première
course... et de Coffre-Fort, mourra promptement des rentes
de sa femme... viens souper.

Il remonte et passe***.

* Arthur, Polycarpe, le Chevalier, Adhémar.
** Adhémar, le Chevalier.
*** Le Chevalier, Adhémar.

ADHÉMAR.

Alors, décidément, Polycarpe épouse Cléopâtre ?

LE CHEVALIER.

Mais oui ! Combien de fois faut-il te le dire ! tu as le n° 3,
tu es inscrit... viens souper.

ADHÉMAR.

Mais encore une fois .

LE CHEVALIER, l'entraînant de force.

Mais viens donc souper, animal !

Il s'élance. En ce moment on entend la ritournelle d'un cotillon. Les sou-
peurs se dispersent à droite et à gauche dans la coulisse sans rentrer en
scène. On aperçoit le buffet entièrement dégarni.

LE CHEVALIER, furieux

Ah ! voilà ce que je craignais... Ils ont tout dévoré... Viens
tout de même... Quand nous devrions manger un invité !

Ils sortent à droite. La porte se referme. Cléopâtre entre à gauche.

SCÈNE XI

CLÉOPATRE, puis POLYCARPE.

Cléopâtre, en toilette de mariée, entre en s'admirant.

CLÉOPATRE, joyeuse.

J'espère que ça me va bien, la fleur d'oranger... Oh ! la
belle toilette ! Mais c'est M. Gamilowith qui n'est pas content. Il ne voulait pas me laisser rentrer dans le bal. En mariée ! s'écriait-il avec de grands bras... En mariée... et pour
un autre ! Mais vous l'aimez donc, cet homme ? (Riant.) Il pleure
dans la bibliothèque, sur les livres de papa.

POLYCARPE *, entrant du fond.

Ah ! la voilà ! (Etonné.) Comment ! déjà en uniforme ?

CLÉOPATRE.

Oui !... Et cet uniforme-là est bien plus avantageux que
celui du couvent. Tant pis, je n'ai pu résister au désir de

* Cléopâtre, Polycarpe.

l'essayer. (Se pavanant et lui montrant sa couronne.) Oh ! il ne.
me manque rien.

POLYCARPE.

Je l'espère parbleu bien !

CLÉOPATRE.

Comment?

POLYCARPE.

Oh ! ma chère petite Cléopâtre !... ma femme !...

CLÉOPATRE.

Votre femme !

POLYCARPE.

Mais oui... je suis votre fiancé.

CLÉOPATRE.

Ah ! bah ! Mais ce n'est donc pas à M. de Verasoy que
papa a accordé ma main ?

POLYCARPE.

Non !... c'est à moi... à moi d'abord.

CLÉOPATRE.

D'abord ?

POLYCARPE.

Oui... est-ce que cela vous contrarie ?

CLÉOPATRE.

Moi? oh ! ça m'est bien égal !... Je ne vous aime ni l'un
ni l'autre.

POLYCARPE.

Elle est charmante !

CLÉOPATRE.

Je me marie comme Berthe s'est mariée... Berthe, c'était
une amie du couvent... Je me marie pour avoir de belles toi-
lettes, une belle voiture et aller en Suisse !... Oh ! la Suisse !
Ah ! mais, vous ne serez pas forcé de venir avec moi... Le
mari de Berthe ne l'accompagne jamais... elle voyage avec
un de ses bons amis... C'est l'année dernière qu'ils en ont vu
du pays !

POLYCARPE.

Ah ! vous croyez qu'ils en ont vu... (A part.) Ah ! bah !
une belle dot et pas gênante du tout.

CLÉOPATRE.

Ah ! mais, j'y songe... nos caractères s'entendront-ils ?...
Nous ne nous connaissons pas... nous n'avons pas même
dansé ensemble.

POLYCARPE.

N'est-ce que cela ? aujourd'hui, l'on se connaît si vite...
donnez-moi votre main.

CLÉOPATRE.

Ma main ?

POLYCARPE.

Tenez : voici une ligne qui me prouve que vous avez une
santé de fer.

CLÉOPATRE.

Ah !

POLYCARPE.

Voyez, j'ai la même... Nous deviendrons bi-centenaires... à
nous deux. (Reprenant sa main.) Et là, voyez sous l'index...
cette aspérité...

CLÉOPATRE.

Qu'est-ce que ça veut dire ?

POLYCARPE.

Ça veut dire que j'aurai beaucoup d'enfants.

CLÉOPATRE.

Tiens ! (Regardant sa main.) Eh bien ! et moi ?

POLYCARPE.

Au moins autant.

CLÉOPATRE.

Vraiment ?

POLYCARPE, la conduisant aux fauteuils de droite.

Et maintenant, nous nous connaissons comme si nous n'a-
vions jamais fait que ça, et nous pouvons nous marier tant
que nous voudrons. (Avec passion.) Ma chère petite Cléopâtre !

Il veut la prendre dans ses bras.

CLÉOPATRE.

Oh ! vous allez me chiffonner !

POLYCARPE.

C'est juste ! Eh bien ! je vais me mettre là... à vos pieds.

Il se met à ses genoux, dos au public.

CLÉOPATRE*.

C'est ça... comme ce pauvre M. Gamilowith.

POLYCARPE.

Gamilowith.

CLÉOPATRE.

Ou... il a tant de chagrin.

POLYCARPE.

Ah ! vraiment, ce pauvre Gamilowith... et il a tant de chagrin... (Changeant de ton.) Qu'est-ce que c'est que M. Gamilowith ?

CLÉOPATRE.

C'est mon professeur de piano... Il me conduira en Suisse... lui... si vous voulez.

POLYCARPE.

Je comprends ; c'est un pianiste qui accompagne... en Suisse,... nous en reparlerons. (A part.) Épousons toujours.

SCÈNE XII

Les Mêmes, MADAME BEAUCORNET, BEAU-CORNET, puis ADHÉMAR, ARTHUR, DUCHE-MIN, JOSEPH, Invités.

Les portes du fond s'ouvrent. Le buffet a disparu. Le bal vient de finir.
Joseph éteint les bougies. Cléopâtre gagne la gauche.

MADAME BEAUCORNET, entrant du fond *.

Un homme aux pieds de ma fille !...

POLYCARPE.

Mais c'est moi, belle-maman, votre gendre.

MADAME BEAUCORNET, à Beaucornet qui entre du fond
à droite.

Notre gendre ? Comment ! monsieur est votre gendre ?

* Cléopâtre, Polycarpe.
* Cléopâtre, madame Beaucornet, Beaucornet, Polycarpe.

BEAUCORNET.

Monsieur ?... Oui, le N⁰ 1.

POLYCARPE.

N⁰ 1, mais oui... nous nous sommes entendus .. et voici
notre ami Duchemin qui va nous faire signer le contrat.

Le notaire entre suivi d'Arthur et d'Adhémar. Arthur prend une petite
table au fond et l'apporte à l'avant-scène ; le notaire s'assied en tournant
le dos au public, les autres personnages prennent leur place dans l'ordre
suivant : Cléopâtre et madame Beaucornet sont assises à droite, Arthur
près de madame Beaucornet, Polycarpe et Beaucornet sont debout et
Adhémar est allé s'asseoir sur le deuxième fauteuil à droite *.

BEAUCORNET, pendant qu'on apporte la table.

Je me lasse aller, moi, je me laisse alle·, mais permettez...
Il faut que je joue mon rôle de père... car enfin, je suis le
père de ma fille ou je ne le suis pas...

POLYCARPE.

Nous n'avons pas le temps de vérifier cela.

BEAUCORNET.

Mais enfi il me semble que ma fille ?...

POLYCARPE.

Jusqu'à ce qu'elle soit veuve, vous n'avez plus aucun droi
sur elle... Elle ap, art ent au N⁰ 1.

BEAUCORNET.

Hein ?

POLYCARPE, au notaire.

Inscrivez le N⁰ 1.

Il fait asseoir Beaucornet sur le premier fauteuil.

MADAME BEAUCORNET, à part.

Que diable veut-il dire avec son N⁰ 1 ?

DUCHEMIN, s'asseyant.

Faut-il lire le contrat ?

BEAUCORNET.

Mais il me semble...

* Cléopâtre, madame Beaucornet, Arthur, Polycarpe B⁰ aucornet
Adhémar.

POLYCARPE.

Inutile.

BEAUCORNET.

Bien, bien... inutile!... Enfin!...

DUCHEMIN, désignant Arthur.

Monsieur est le futur?

ARTHUR se levant.

Pas encore.

POLYCARPE, s'avançant.

Le futur... c'est moi... on vous dit...

Arthur s'assied.

DUCHEMIN.

Vos nom et prénoms.

POLYCARPE.

Zéphirin-Amour-Polycarpe de Follebraise.

DUCHEMIN, écrivant.

De Follebraise.

SCÈNE XIII

LES MÊMES, JOSEPH, puis MITCHELS.

JOSEPH, entrant.

Une dépêche pour M. Polycarpe de Follebraise.

POLYCARPE, la prenant.

Merci. Ah! de Londres! (Avec un cri.) Grand Dieu!... naufrage!... tout perdu!... corps et bien!. ... *Soliman* noyé! Je suis ruiné. La pauvre bête !

Pendant cette scène, Adhémar est remonté à droite et Polycarpe vient
tomber sur le fauteuil qu'il occupait*.

BEAUCORNET.

Ruiné! il est ruiné!

DUCHEMIN, écrivant.

Nous disons donc, Zéphirin-Amour.

BEAUCORNET.

Un instant... n'écrivez pas.

---

* Madame Beaucornet, Arthur, Duchemin, Adhémar, Beaucornet, Polycarpe.

MADAME BEAUCORNET.

Non, n'écrivez pas. (A part.) Ma pauvre enfant!

BEAUCORNET, à Polycarpe.

J'en suis désolé... mais vous comprenez, du moment où vous n'avez plus de cheval, je ne puis vous donner ma fille!

POLYCARPE, à part.

Patatras!

CLÉOPATRE, à part.

C'est manqué!... Allons vite annoncer cela à M. Gamilowith!

Elle sort sans être remarquée.

POLYCARPE.

Ah!! (Il va pour sortir, il trouve Adhémar qui cherche à le retenir, il se dégage et sort en disant.) Je vais acheter un autre *Soliman*.

Il sort.

DUCHEMIN.

Alors, on ne se marie pas?

Il se lève.

ARTHUR, le retient et prenant la table, qu'il remonte un peu, il fa asseoir Duchemin face au public *.

Pardon, à mon tour... j'ai le n° 2. (A part.) Enfoncé le Follebraise et à moi le sac! (A Duchemin.) ** Timoléon-Eusèbe-Arthur de Coffre-Fort.

Entrée de Mitchels.

MITCHELS, entrant et allant à Beaucornet.

Ah! Beaucornet, quel coup de foudre!

TOUS.

Qu'y a-t-il?

MITCHELS.

Une autre combinaison... une compagnie rivale! notre concession ne vaut plus cent sous!

BEAUCORNET, accablé.

Quel désastre!

MADAME BEAUCORNET, tombant pâmée

Ah! mon Dieu!

* Madame Beaucornet, Arthur, Duchemin, Beaucornet, Adhémar.
** Madame Beaucornet, Arthur, Beaucornet, Duchemin, Adhémar, Mitchels.

DUCHEMIN, écrivant.

Nous disons donc?... Timoléon-Eusèbe...

ARTHUR, s'élançant.

Un instant! n'écrivez pas !

MADAME BEAUCORNET, se levant ainsi que Cléopâtre.

Reculeriez-vous, monsieur?

ARTHUR.

En plein! (A part.) Plus de sac... merci !

DUCHEMIN, se levant.

Alors je puis m'en aller.

Tout le monde s'est levé.

ADHÉMAR, retenant Duchemin et le faisant asseoir à la droite ; il place
la table devant lui.

Non pas... Écrivez, Monsieur le notaire... j'ai le n° 3.

BEAUCORNET.

Comment, monsieur, malgré notre désastre...

MADAME BEAUCORNET, avec des larmes.

Ah ! jeune paladin !

BEAUCORNET.

Ah ! monsieur !...

ADHÉMAR, à part.

Après tout! ce n'est pas de sa faute à cette petite. (Haut.)
Écrivez. Le comte Gonzague-Beaudouin-Adhémar de Ve--
rasoy.

MADAME BEAUCORNET*, se trompant et s'appuyant sur l'épaule
d'Arthur qui redescend la scène.

Mon enfant, sois digne de ce noble gentilhomme, qui malgré
t us tes malheurs... (Elle l'embrasse et le reconnaît, jetant un cri.)
Ah ! eh bien !... Cléopâtre?... Où est-elle donc?

ARTHUR.

Quelle drôle d'époque !... je vais chercher un autre sac...

Il sort à gauche premier plan.

BEAUCORNET.

Qui ça ?

---

* Arthur, madame Beaucornet, Beaucornet, Adhémar, le notaire,
Mitchels.

MADAME BEAUCORNET.

Mais ma fille!.. (Appelant.) Cléopâtre!..... Cléo...

SCÈNE XIV

LES MÊMES, JUSTINE, puis CLÉOPATRE et LE CHE-
VALIER *.

MADAME BEAUCORNET*.

Justine... où est ma fille ?

JUSTINE, entrant de gauche.

Mademoiselle était il y a quelques instants dans la bibliothèque, avec son professeur de piano.

MADAME BEAUCORNET.

Continuez, Justine.

JUSTINE.

Alors, mademoiselle m'a demandé sa mante et elle est sortie avec M. Gamilowith.

MADAME BEAUCORNET.

Ciel ! un rapt, peut-être.

MITCHELS.

Rassurez-vous... M. Gamilowith aura écouté au dernier
moment la voix de sa conscience.

MADAME BEAUCORNET.

Vous croyez ?

MITCHELS.

J'en suis sûr, car je lui ai dit en montant que vous étiez
ruinés.

BEAUCORNET.

Alors notre héritière doit être dans l'escalier, avec ses re-
mords ; elle n'ose peut-être pas repasser ce seuil.

MADAME BEAUCORNET à Justine.

Il faut courir, la ramener. (Criant.) Cléopâtre! Cléopâtre !

* Justine, madame Beaucornet, Beaucornet, Adhémar, Duchemin,
Mitchels.

CLÉOPATRE, paraissant.

Me voilà, maman !

Elle a un manteau par-dessus son costume de mariée, elle le donne à
Adhémar. Justine sort, au fond à gauche.

MADAME BEAUCORNET*.

Ah ! c'est-elle ! me direz-vous d'où vous venez, mademoiselle ?

BEAUCORNET.

Oui ! d'où venez-vous ?

CLÉOPATRE.

D'en bas, maman !

BEAUCORNET.

Et... que faisiez-vous en bas ?

CLÉOPATRE.

J'attendais l'omnibus.

BEAUCORNET.

L'omnibus !

CLÉOPATRE.

Oui... l'omnibus du chemin de fer... pour aller avec M. Gamilowith en Belgique.

MONSIEUR ET MADAME BEAUCORNET.

En Belgique ?

MADAME BEAUCORNET.

Tu voulais aller en Belgique avec cet infâme croque-notes...
petite malheureuse !

CLÉOPATRE.

Mais non, maman, je ne voulais ; pas mais M. Gamilowith
a crié comme ça qu'il allait se tuer... et comme, en même
temps, il armait un grand... grand pistolet... en faisant des
gros yeux... dame !... j'ai eu peur et je l'ai suivi... mais à
l'entresol il m'a quittée, et comme il ne revenait pas... et que
j'avais froid... je suis remontée... et bien contente, va... car
il était joliment vilain avec ses yeux ronds et son pistolet...
Une, deux.

* Beaucornet, Cléopâtre, madame Beaucornet, Adhémar, Mitchels.

MADAME BEAUCORNET, l'embrassant, à part.

Ah ! elle est bien bête ! mais elle est pure encore.

BEAUCORNET.

Pure ! mais bête !

DUCHEMIN.

Ah çà !, se marie-t-on ou ne se marie-t-on pas ici ?

ADHÉMAR.

On se marie. (A part.) C'est une ingénue... on peut en faire une excellente femme !... et puis elle me plaît à moi ! (Haut, au notaire.) Ecrivez les noms.

Le notaire se met encore en devoir d'écrire les noms qu'Adhémar est censé lui dicter. Le Chevalier entre par le fond.

ADHÉMAR, allant à lui[*].

Ah ! mon oncle ! vite arrivez, j'épouse.

LE CHEVALIER.

Tu épouses ! — Eh ! bien ! dépêche-toi que nous puissions nous en aller un peu... car, vois-tu, entre nous... Ah ! on vit trop vite ici... mais ventre-saint-bleu ! de ce train-là, j'aurai cent ans dans quinze jours !

ADHÉMAR.

Allons, signons.

MADAME BEAUCORNET, assise ainsi que Beaucornet et Cléopâtre.

Oui, signons ! (A part.) Ma fille sera comtesse.

DUCHEMIN, tendant la plume à Cléopâtre.

A vous d'abord, mademoiselle.

On entend un bruit de coups sourds et réguliers qui semblent venir du toit de la maison. L'orchestre commence le motif de l'ouverture.

TOUS, le nez en l'air.

Qu'est-ce que c'est que cela ?

BEAUCORNET, se levant et venant en scène.

Je ne sais pas.

MADAME BEAUCORNET.

On dirait des coups de pioche.

* Le Chevalier, Adhémar, Beaucornet, madame Beaucornet, le notaire, Mitchels.

BEAUCORNET.

En effet... (Avec un cri.) Ah !

TOUS.

Quoi donc ?

BEAUCORNET.

Je me souviens ! Cet ordre de déguerpissement pour cause
d'expropriation que j'ai reçu... il y a trois mois... Ma candi-
dature me l'avait fait oublier.

MADAME BEAUCORNET.

Eh bien ?

BEAUCORNET, tranquillement.

Eh bien ! on démolit la maison.

MADAME BEAUCORNET, se levant.

Ciel !

TOUS.

Fuyons !

Tous les invités se lèvent *.

BEAUCORNET.

On commence par la cave... non, par les mansardes... mais
c'est égal.

LE CHEVALIER, se relevant.

Ah ! c'est trop fort !... Mais nous sommes donc dans un
pays de possédés ?

Le notaire s'est levé et range ses papiers.

BEAUCORNET, appelant.

Joseph ! Justine ! (Justine et Joseph paraissent.) Qu'on fasse les
malles... on déménagera quand nous serons partis.

MADAME BEAUCORNET.

Mais où allons-nous ?

BEAUCORNET.

N'importe ! pourvu que ce soit un endroit tranquille... à
Bade, par exemple !

ADHÉMAR.

C'est une idée. Nous signerons le contrat là-bas.

* Le chevalier, Beaucornet, madame Beaucornet, Duchemin, Adhémar,
Mitchels.

CLÉOPATRE, légèrement.

Oui, si nous avons le temps ! (Joyeuse.) A Bade ! quel bonheur !... De là nous irons en Suisse.

ADHÉMAR.

Vite, mon oncle... allons faire aussi nos malles.

LE CHEVALIER, d'un tôn singulier.

Mes malles !... Oui, je vais faire mes malles... mais pas
pour Baden-Baden ! mais pour Carpentras et ventre à terre !

Le bruit augmente, on se hâte pour sortir. Le rideau baisse.

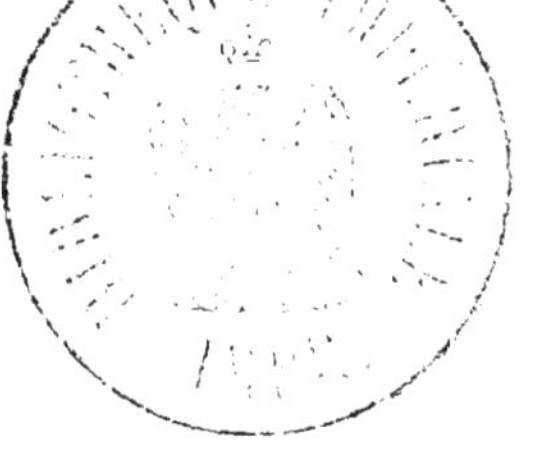

FIN

CLICHY., impr. M. LOIGNON, PAUL DUPONT et Cie, rue du Bac-d'Asnières, 12.

www.ingramcontent.com/pod-product-compliance
Ingram Content Group UK Ltd.
Pitfield, Milton Keynes, MK11 3LW, UK
UKHW020342180726
13839UKWH00002B/856